C000077953

HARDPRESS.NET
HOME OF HARD-TO-FIND BOOKS

La Russie Contemporaine
by Herbert Barry

Copyright © 2019 by HardPress

Address:
HardPress
8345 NW 66TH ST #2561
MIAMI FL 33166-2626
USA
Email: info@hardpress.net

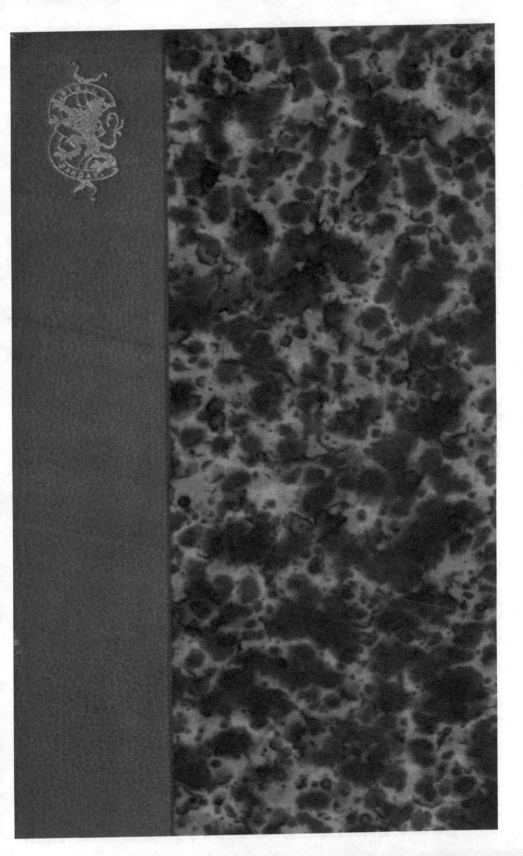

RELIEURS
R⁻ˢᵗᵉ CATHERINE, 18.
GAND

UNIVERSITEITSBIBLIOTHEEK GENT

Acc. 8932.

LA RUSSIE

CONTEMPORAINE

PARIS. — IMPRIMERIE DE E. MARTINET, RUE MIGNON, 2.

LA
RUSSIE
CONTEMPORAINE

PAR

HERBERT BARRY

Ancien directeur des domaines, mines et forges de Chlepeleffsky,
dans les gouvernements de Vladimir, Tambov et Nijni-Novgorod en Russie
Auteur de *l'Industrie métallurgique en Russie*, etc.

TRADUIT DE L'ANGLAIS PAR Mᵐᵉ ARVÈDE BARINE

PARIS
LIBRAIRIE GERMER BAILLIÈRE
RUE DE L'ÉCOLE-DE-MÉDECINE, 17
1873

PRÉFACE

M. W. Hepworth Dixon mérite incontestablement
la reconnaissance de tous ceux qui s'intéressent à la
prospérité de la Russie, pour avoir attiré l'attention
sur cet empire. J'espérais que la lecture de *Free
Russia* (la Russie libre) donnerait au public des
idées justes sur ce grand pays, et que l'ouvrage d'un
écrivain aussi distingué apprendrait au monde ce
qu'est la Russie et ce que sont réellement les Russes.

Mais en lisant le livre de M. Dixon, j'ai été conduit à une conclusion toute différente, et je me suis
rappelé le mot du prince Dolgorouky, cité par M. Su-
therland Edwards dans son intéressant ouvrage *les
Russes chez eux.* « Les Russes seuls ont le droit
d'écrire sur la Russie », disait le prince, entendant
sans doute que le droit de traiter un pareil sujet
n'appartient qu'à ceux qu'un long séjour a familia-
risés avec la Russie. Je me suis rappelé aussi l'opinion

du docteur Eckardt : « C'est encore bien pis quand il s'agit des jugements de ceux qui ont traversé la Russie en voyageurs, et qui mettent au jour leurs impressions sans connaître le fond des choses et sans en soupçonner la raison d'être. »

Il est évident que M. Dixon s'en est rapporté à des informations de seconde main pour la plupart des matériaux de son livre ; sans cela, il ne serait pas tombé dans les erreurs dont fourmille son ouvrage.

Les chapitres qui traitent des sujets qu'il a étudiés sont non-seulement intéressants, mais encore exacts et profonds, comme on devait l'attendre d'un observateur aussi perspicace que M. Dixon : aussi doit-on déplorer qu'ayant parcouru dans ses voyages une portion très-restreinte de la Russie, il ait été amené à des conclusions et des conséquences si erronées sur les questions où il a dû s'en remettre aux informations d'autrui.

Si M. Dixon s'était contenté de nous donner le premier volume de son ouvrage, son intéressant tableau des monastères, sujet qu'il a évidemment bien étudié, aurait constitué une œuvre attrayante et instructive à laquelle ceux qui connaissent la vie et les mœurs des Russes n'auraient rien pu objecter. Mais lorsqu'un écrivain aussi puissant expose des faits controuvés et qu'il en tire des conséquences toutes plus inexactes les unes que les autres, c'est un devoir pour ceux qui sont au courant de la question de rectifier ses assertions.

La Russie étant nouvelle venue dans la voie des réformes et du progrès, ne souffre pas d'être mal comprise; en ce moment surtout, où le parti réactionnaire s'efforce d'étouffer le parti du progrès, il est plus que jamais nécessaire de ne mettre sous les yeux de ceux qui s'intéressent à elle que des faits bien constatés.

De nombreux séjours en Russie pendant une période de douze années, dont les quatre dernières ont été passées tout entières dans l'intérieur du pays, joints à l'expérience que j'ai pu acquérir comme chef d'une des plus grandes entreprises industrielles de l'empire, m'ont fourni maintes occasions d'étudier les institutions de la Russie et le caractère du peuple russe.

De grands voyages dans toutes les parties de l'empire, tant pour mes études que pour mes affaires, m'ont mis en contact avec des gens de tous les métiers et de toutes les classes, depuis l'homme politique jusqu'au paysan. De là m'est venue l'idée d'essayer de donner une notion exacte des institutions auxquelles j'ai obéi et de la nation parmi laquelle j'ai vécu ; j'appellerai particulièrement l'attention du lecteur sur les changements et les réformes qui se sont opérés dans le peuple et dans ses institutions.

On me reprochera peut-être d'avoir laissé de côté, dans cet ouvrage, plusieurs points essentiels, en particulier ce qui a rapport à la littérature, l'armée, la marine, etc. Ces matières sont traitées en ce moment par des plumes plus autorisées que la mienne, et j'ai tenu à n'aborder aucun sujet qui ne me fût parfaitement familier.

Quand on a vécu en Russie, quand on a été témoin des efforts de ce grand peuple pour arriver à l'affranchissement, et de la manière dont il use d'une liberté si nouvelle, on ne peut méconnaître qu'il y a chez lui les germes d'un avenir dont l'éclat et la grandeur dépassent l'imagination.

LA RUSSIE
CONTEMPORAINE

CHAPITRE PREMIER.

LES ERREURS DE M. DIXON DANS SON OUVRAGE
LA RUSSIE LIBRE.

Il est naturel que j'éprouve une grande défiance de moi-même à l'idée de me mettre en contradiction avec un auteur d'autant d'expérience et de talent que M. Dixon; mais il m'est impossible de ne pas consacrer quelques pages à son livre.

Il est difficile de découvrir en quelle partie de l'empire M. Dixon est allé étudier « la Russie libre ». Je lis dans la préface : « Le voyage que je viens de terminer m'a conduit de la mer Polaire aux montagnes de l'Oural »; et à la première page du tome II : « Mon trajet de la mer Arctique aux pentes méridionales

HERBERT BARRY. 1

de la chaîne de l'Oural ». Ces passages donneraient à
penser que M. Dixon a étudié son sujet sur un territoire d'une immense étendue, et non qu'il a choisi
le terrain des « zones septentrionales » pour théâtre
principal de ses observations.

A moins que ce ne fût pour observer cette variété
de l'espèce humaine que M. Dixon décrit comme semblable aux *cannibales*, je ne puis imaginer pourquoi
il est allé chercher si avant dans le nord les représentants de la Russie libre. Ce n'est pas sur la route
d'Archangel à Saint-Pétersbourg qu'on peut juger de
ce que sont les Russes sous les latitudes septentrionales. Il faut pour cela pénétrer dans l'est bien plus
avant que M. Dixon ne semble l'avoir fait.

Je lis encore dans la préface : « Deux voyages anté-
rieurs m'ont aidé à juger les réformes à la suite desquelles s'est écroulée la muraille de la Chine qui fer-
mait la Russie ». Pourquoi ne pas dire au lecteur où
ces voyages ont eu lieu, et, tout particulièrement,
quel est le nouvel état de choses que M. Dixon a
constaté.

Je trouve aussi cette phrase : « J'ai beaucoup à
dire sur les pèlerins, les moines, les prêtres de paroisse, sur la justice au village et la vie patriarcale,
sur les mendiants, les vagabonds, les sectaires, etc.,

en un mot, sur les forces humaines qui constituent de nos jours les ressorts intérieurs et cachés de la politique ».

A l'exception de la réserve que j'ai faite dans ma préface, je ne puis accorder que M. Dixon, malgré ses promesses, ait beaucoup dit sur ces sujets, et ce qu'il a dit, si on le laisse passer sans contradiction, ne peut que conduire le lecteur à de graves erreurs sur la Russie libre et ses libres habitants.

J'ose croire que M. Dixon ne sait pas le russe, et comme je ne trouve indiqué nulle part qu'il eût un interprète chargé de traduire ses paroles, je ne puis m'expliquer des expressions comme les suivantes que je relève çà et là dans son volume : « Vous *entendez* dans leurs discours ». — « *Je* demandai ce que c'était que ce trou dans la pierre ». — « En réponse à *ma* question »... — « Oui, oui, vous pouvez *entendre* un moujik dire ». M. Dixon suppose-t-il qu'il suffise de parcourir un pays pour écrire un livre qui touche à toutes les questions politiques, sociales et économiques, quand on est incapable de comprendre ce qu'on vous dit ou de demander un renseignement? Peut-être est-ce à cette raison qu'il faut attribuer plusieurs des étranges erreurs qu'on rencontre dans son ouvrage.

Je n'entreprends pas de critiquer son livre en tant que livre, mais seulement de rectifier beaucoup de ses assertions. Plusieurs de ses erreurs peuvent paraître indifférentes à la généralité des lecteurs; mais elles sont très-graves, s'il est admis que M. Dixon a voulu nous donner une idée exacte de la Russie.

J'aborde donc immédiatement la partie du livre qui justifie seule le titre choisi par l'auteur.

Le chapitre sur l'émancipation des serfs est si manifestement inexact qu'il a déjà subi la critique de la partie la plus influente de la presse : aussi n'y a-t-il pas lieu pour moi de répéter ce qui est connu de tous ceux qui sont au courant de la question.

Je ne dirai qu'un mot sur ce sujet : Quelle foi peut-on ajouter aux allégations d'un auteur qui nous conduit à croire que les villages de Vensa et de Kazan sont occupés par des Polonais et des Mala-Russes?

Je soutiens que le paysan est ce qu'il y a de plus important à étudier dans l'empire russe, à cause de sa prépondérance numérique, et qu'une erreur sur son compte est de la plus haute gravité.

Eh bien, je lis dans le chapitre sur la vie patriarcale les lignes suivantes : « Un père de famille est seigneur dans sa maison et parmi les siens; c'est son

domaine : nul n'a droit d'y intervenir, pas même les
anciens du village, pas même le juge impérial; il est
au-dessus de la loi écrite et de la coutume...; il
n'est responsable de tout acte accompli à l'intérieur
de sa cabane que devant lui-même et devant Dieu...
On n'ordonnerait pas de fustiger cette femme, —
non, plus maintenant, — la nouvelle loi le défend, du
moins en public. Chez lui, dans sa cabane, Daniel
peut fustiger Nadia autant qu'il lui plaît ».

Toutes les conclusions qu'on est en droit de tirer de
ces passages sont fausses. Qui ne supposerait, d'après
cette citation, que le père, le chef de famille peut se
livrer chez lui à tous les excès, et que *personne*, si
la chose vient à se savoir au dehors, n'a le droit d'intervenir et de lui demander compte de sa conduite?

En réalité, le pouvoir de châtier n'appartient au
père de famille que dans d'étroites limites, et s'il
dépasse ces limites, la personne maltraitée a le droit
d'en appeler à la communauté, qui intervi nt et pu-
nit le délinquant.

J'ai connu dans un village un homme qui avait
battu son fils et l'avait ensuite enfermé; celui-ci ne
pouvant aller porter plainte en personne, trouva
moyen de communiquer avec un camarade qui se
présenta pour lui devant la communauté; sur-le-

champ on envoya des délégués chargés de faire une enquête.

Voici un autre passage qui a été copié dans un journal : « Euphrosine M..., femme d'un paysan demeurant dans la province de Kherson, est accusée par son mari d'avoir manqué à la foi conjugale. Le paysan convoque une réunion de pères de famille, qui, après avoir écouté son récit et sans entendre la défense de la femme, la condamnent à être promenée toute nue dans le village, en plein jour, en présence de tous ses amis ».

Le lecteur doit supposer que cet événement, s'il a eu lieu, est tout récent, tandis que l'autorité sur laquelle s'appuie M. Dixon est un numéro de la *Gazette de la nouvelle Russie* datant de 1864. Pour prouver que les autorités ne ferment pas les yeux sur les excès commis par les paysans, je vais citer un fait.

Sur notre domaine, une femme avait été traitée d'une façon barbare par deux hommes ; le coroner de l'endroit et la communauté ne firent pas leur devoir ; l'affaire arriva aux journaux ; le lendemain, un ordre de l'empereur provoqua une enquête, et les coupables furent déférés à la justice.

Ma confiance dans ce que M. Dixon dit des sectes

en général ne doit-elle pas être ébranlée — bien que je n'aie pas eu le temps d'étudier ce sujet, — lorsque je lis à propos d'un *vieux croyant* : « Il est probable qu'il ne fumera plus ». Le premier écolier venu aurait pu lui apprendre que les vieux croyants abhorrent l'usage du tabac.

J'ai su qu'un de ces sectaires avait lavé et nettoyé sa maison de fond en comble, parce qu'un homme y avait tiré deux bouffées de fumée de sa cigarette. Et encore : « Chaque nouvel empereur crée un saint ». M. Dixon aurait pu savoir que l'empereur actuel, au lieu de créer de nouveaux saints, avait par un ukase largement diminué le nombre des jours chômés en leur honneur.

Où M. Dixon a-t-il observé les scoptsi? (détestable secte sans contredit) : — « Blancs, débiles et défaits, ils apparaissent dans les boutiques comme des fantômes ». Sauf qu'ils sont généralement un peu gras, je ne vois guère de différence entre eux et les autres hommes.

Quand on connaît ceux que M. Dixon appelle les *non-payeurs de rente*, peut-on comprendre ce qu'il veut dire quand il en fait « une secte »?

Ce sont les gens auxquels je fais allusion au chapitre IX, comme refusant d'acquitter les redevances; ils

ne méritent pas plus le nom de sectaires que les Ir-
landais qui ne veulent pas payer leurs fermages, prétendant, comme leurs frères de Russie, que la terre
leur appartient.

Dans les « républiques de village », je lis des assertions comme celles-ci : — « Les habitants de ce
village font dériver des vieilles traditions tout un
monde de droits locaux analogues à ces droits de famille que les ministres et les juges ont cru sage de
respecter dans leurs réformes. Ils choisissent leurs
anciens, ont leurs tribunaux à eux, infligent des
amendes... ils exercent un pouvoir que l'empereur
ne leur a pas donné et n'ose pas leur ôter. Le starosta... est élu pour trois ans... l'usage est de choisir
le plus riche paysan du village... c'est un serviteur
gratuit de la communauté... Mais un ancien, appuyé
sur l'assemblée du village, peut braver la volonté
impériale et traiter comme une lettre morte les lois
du pays ».

On ne peut certes imaginer un plus joli tableau
d'une république indépendante. Je vais maintenant
placer la vérité sous les yeux du lecteur, et on verra
combien les assertions de M. Dixon sont erronées.
Dans le village, au dernier échelon de la hiérarchie
judiciaire est le starosta; celui-ci exerce ses fonctions

sous l'autorité de la communauté, dont la compétence en matière criminelle est si peu étendue qu'il ne vaut pas la peine d'en parler. Vient ensuite l'assemblée de district ou *volost;* c'est d'elle, sans aucun doute, que M. Dixon a voulu parler; elle est formée des représentants de plusieurs paroisses et présidée par le starshina. La communauté est subordonnée à cette cour, précisément comme le starosta est subordonné au starshina.

Le volost, recruté par voie d'élection, élit à son tour une *cour de justice* composée, suivant l'étendue du district, de quatre à douze membres; trois juges siègent à la fois, et l'exécution des sentences est confiée au starshina.

En lisant M. Dixon, on croirait que le pouvoir de cette cour est illimité. Il est au contraire fort restreint. Elle peut juger les procès civils dont l'importance ne dépasse pas cent roubles ou 375 francs, faire administrer vingt-quatre coups de corde, prononcer dans les affaires criminelles des amendes de trois roubles d'argent, et envoyer en prison pour sept jours au plus. Le starosta n'est jamais choisi pour sa fortune, mais pour sa facilité d'élocution, car la communauté aime à avoir un homme qui parle bien. Il est toujours payé.

1.

Je lis à la fin du même chapitre : « Les deux tiers de la populace d'un village, dont tous les votants peuvent être ivres, ont le droit d'envoyer un homme en Sibérie pour le reste de ses jours ». On explique dans le chapitre suivant que « de tels abus de la justice au village ne sont pas rares », et que « l'on peut le sommer de comparaître, le condamner au bannissement;... expulsé de sa commune... il ne peut plus faire partie d'une communauté.». Je nie tout cela d'un bout à l'autre. D'abord on n'admet pas de gens ivres à l'assemblée de la commune; et en second lieu, la commune ne peut envoyer personne en Sibérie. Si un membre de la communauté ne paye pas sa quote-part d'impositions, ses frères ont le droit de l'exclure, après avoir essayé tous les autres moyens de le mettre à la raison. Mais rien ne l'empêche de se faire admettre dans toute commune qui consentira à le recevoir.

Quand le membre exclu ne peut se faire accepter nulle part, on l'expédie, aux frais du gouvernement, fonder quelque part une colonie, et, par suite, une communauté, en compagnie de moujiks dans la même position. Mais on ne l'envoie certes pas dans une mine de Sibérie, — ce qui est le châtiment réservé aux meurtriers et aux grands criminels.

M. Dixon connaît évidemment fort mal la façon
d'agir des communautés de village; autrement il
n'aurait jamais écrit la page 58 de son deuxième
volume : « Les villageois savent fort bien quel est le
frère assez riche pour racheter son dos aux dépens
de sa bourse, et quand ils éprouvent le besoin de
boire un coup aux frais d'autrui, ils n'ont qu'à
accuser leur camarade de quelque délit en l'air;
il est certain qu'il se rachètera ». Je me permets de
conseiller à M. Dixon, quand il retournera en Russie,
d'étudier quelques tribunaux de volost; il ne sera pas
scandalisé, j'en suis sûr, de la manière dont la justice
y est rendue.

M. Dixon ne commet pas de moins graves erreurs
sur les maisons et la vie des paysans que sur les
institutions qui régissent les campagnes : « La maison
de l'ancien, dit-il, est plus grande que les autres... le
sol est en terre battue. Quelques maisons çà et là ont
un balcon, une étable ». Au nom du ciel, à quoi cette
description peut-elle bien s'appliquer? Ce n'est certainement pas à la Russie. M. Dixon a-t-il *jamais* vu
un sol en terre battue dans la maison d'un paysan
russe? Sauf dans le cas exceptionnel où, un village
ayant été brûlé, ses habitants avaient élevé des huttes provisoires, je n'en ai jamais vu. Il y a presque

toujours un escalier pour arriver à la partie de l'habitation où se tient la famille. Comment trouverait-on un sol en terre battue à un premier étage, à moins de supposer que le paysan a étendu sa terre sur un plancher? Et quel est celui qui prendrait une peine si inutile?

On trouve dans toutes les chaumières non pas seulement une étable, mais une basse-cour comprenant une écurie, un emplacement pour les charrettes, les traîneaux, etc., en un mot de quoi loger tout l'attirail d'un campagnard. C'est un usage si général, que pour indiquer le nombre d'habitations d'un village on ne dit jamais « tant de maisons », mais « tant de *basses-cours* ».

Je lis ailleurs que le dîner ordinaire du paysan, « quand ce n'est pas jour de jeûne, se compose d'une tranche de pain noir, d'un cornichon et d'un morceau de merlus sec ». Cela dénote une profonde ignorance de la vie du paysan; les jours de jeûne, il mange du poisson, mais certes ce n'est pas du merlus; quatre-vingt-dix-neuf Russes sur cent n'ont jamais entendu prononcer le mot de merlus; le plus médiocre observateur aurait pu remarquer quel est le poisson qu'on mange et d'où il vient; mais l'erreur la plus étrange, c'est que dans cette description, le mets national, le « tschec » ou soupe aux choux, est entièrement passé sous silence, quoiqu'à la campagne il forme le fond de la nourriture du peuple. Je connais des paysans russes qui mangent à leur dîner trois livres de pain noir, accompagnées, non pas d'un cornichon, mais de vingt.

Si je n'avais déjà exprimé l'opinion que M. Dixon ne devait pas savoir le russe, je révoquerais en doute le fait suivant : « J'ai moi-même *entendu* un *ancien* donner l'ordre de fustiger un paysan, à la requête de deux personnes qui l'accusèrent d'être ivre et hors d'état de conduire leur voiture ».

Je suppose qu'on lui a dit que tel était l'ordre de l'ancien. Je ne sais comment m'expliquer ce récit. En admettant que le mot dont on s'est servi signifiât bien *ancien du village*, il est impossible que celui-ci ait de son chef donné l'ordre de fustiger le postillon ; car, d'après la loi commune, celui-ci devait être cité devant le tribunal du premier degré.

Il y a partout, et non pas seulement en Russie, des gens qui se mêlent de ce qui ne les regarde pas ; mais le fait ci-dessus nous est raconté dans le chapitre sur les serfs comme une chose toute naturelle.

M. Dixon me pardonnera de lui dire que, à moins

qu'il n'ait vu exécuter la sentence, je me permets de croire qu'elle n'a pas eu de suites.

Dans le chapitre des serfs, il explique ainsi l'origine du servage : « Un contrat, sanctionné par la loi, a été consenti entre les deux parties, le paysan et le noble, à l'occasion d'un certain domaine comprenant des terres, des étangs, des bois; ce contrat règle leurs rapports et leurs obligations respectives, et fixe les droits de propriété, de chasse, etc. »

Que veut dire cela? Devons-nous entendre que les serfs ont consenti à être serfs, librement et spontanément? S'il en est ainsi, pourquoi l'écrivain n'a-t-il pas développé son idée?

La description du prêtre de paroisse et de sa famille est plus qu'une comédie; c'est une vraie farce, et je ne pense pas que M. Dixon lui-même puisse la défendre sérieusement : « Chaque prêtre de paroisse est le centre d'un petit cercle pour lequel il est non-seulement l'homme de Dieu, chargé de bénir son saint nom, mais le père qui doit conseiller et diriger ».

« Le père Peter, le pope du village, a une cabane fort propre; quelques pots de fleurs ornent l'appui de la croisée; un monceau de livres charge ses tablettes; sa femme, belle et pâle, est assise auprès de la porte; elle surveille les jeux des enfants, qui chantent sous un arbre un des psaumes du rituel ; ils ont la figure douce et triste... Un prêtre est un si grand personnage dans sa paroisse, que même lorsqu'il est ivre, ses paroissiens le traitent avec égards et déférence ».

L'erreur dans laquelle est tombé l'auteur est d'autant plus extraordinaire que tous les voyageurs se sont accordés à signaler la déplaisante physionomie du prêtre de paroisse et son triste genre de vie.

Je connais assez bien le pope et je sais que les villageois n'ont pas le moindre respect pour lui. C'est un type qui n'existe heureusement qu'en Russie. Sans éducation, presque sans moralité, gagnant sa vie à la sueur de son front, il diffère fort peu de ses voisins les moujiks.

La maison qu'il habite est comme toutes celles du village, bien qu'elle soit un peu plus confortable sous le rapport du mobilier. Sa femme ressemble aux autres paysannes ; elle fait l'ouvrage de la maison tandis que ses enfants vont courir avec les autres polissons.

Le pope possède une terre qu'il cultive lui-même comme un paysan, et sa vie se partage de la façon la plus monotone entre les offices, les travaux des champs et l'oisiveté. Sa capacité de boire est proverbiale, et les jours de grande fête il est invariablement

ivre. Il n'en rougit pas, et le peuple y est si habitué
qu'on n'y fait pas attention. A peine hausse-t-on les
épaules quand on le rencontre battant la muraille.

Livrés à leurs propres ressources, soumis à une
inspection très-insuffisante, les popes tombent peu à
peu dans une condition assez analogue à celle de leurs
voisins les moujiks. S'ils ont quelques rapports de
société, c'est avec ces derniers.

L'impossibilité où ils sont de conquérir une posi-.
tion supérieure à celle de prêtre de paroisse est pour
beaucoup dans cet état d'abjection. Ils sont privés
du grand mobile de l'activité humaine, du désir de
s'élever.

J'ai vu plus d'une fois un pope ivre célébrer un
service religieux, et souvent j'en ai surpris à voler.

Comment défendre des prêtres qui souffrent qu'un
des leurs tienne un débit d'eau-de-vie? J'en ai connu
un dans ce cas ; c'est moi qui lui ai donné sa licence.
C'était soi-disant au profit de son église, mais en réalité pour son propre compte. Chose curieuse, ce pope
était, n'en déplaise à la théorie de M. Dixon, était,
dis-je, sauf son goût pour la boisson, un homme fort
respectable et l'un des représentants les plus recom-
mandables du bas clergé.

Comment ces hommes pourraient-ils répondre au

tableau que trace M. Dixon, — étreints comme ils le sont par la pauvreté et maintenus si bas sur l'échelle sociale?

On pourra démêler dans ce livre la véritable physionomie du père Peter. Il n'y a pas de règle sans exception, mais je crains que le père Peter de M. Dixon ne soit l'exception.

Dans le chapitre sur *la Liberté*, on rencontre cette assertion : « Cette insouciance du bien et du mal est due au servage qui a pesé sur les paysans pendant deux cent soixante ans. Le servage rend les hommes indifférents à la vie et à la mort... et la liberté qu'apprécient le mieux les affranchis, c'est souvent la liberté de la vengeance ».

Pour établir cette théorie de la vengeance chez les paysans, M. Dixon cite le procès de Gorski, cet homme qui avait assassiné toute une famille à Tambov. Malheureusement pour la thèse de l'auteur, Gorski n'était ni un paysan ni un serf émancipé. C'était un étudiant polonais, et il était précepteur dans la famille qui a été victime de sa férocité.

Vient ensuite l'affaire de Daria Sokolof, qui aurait tué toute une famille, y compris le petit chien. « Comme il n'avait survécu aucun témoin du crime, on ne put la condamner qu'à douze années de travaux forcés dans une mine de Sibérie. Voici la vérité : Le jury devant lequel elle comparut se convainquit, malgré un aveu rétracté ensuite, qu'elle n'était pas l'auteur des meurtres, et qu'on n'avait pas trouvé le véritable coupable. Daria Sokolof ne fut condamnée que pour avoir caché le crime.

On a quelquefois donné à M. Dixon des renseignements matériellement inexacts. Je n'en veux pour preuve que les lignes suivantes du chapitre sur *la Police secrète :* « Le pouvoir de la police secrète n'a d'autres bornes que celles que lui imposent les ordres directs de l'empereur ». Cette phrase ne peut avoir qu'un sens, c'est que la « troisième division » (1) est au-dessus de toutes les lois et de toutes les juridictions.

M. Dixon prend-il la responsabilité de cette assertion? Affirme-t-il que la police exerce un pouvoir quelconque dans les affaires ordinaires, civiles ou criminelles? Ne sait-il pas que la nouvelle loi contient une sorte d'*habeas corpus*, et que tout homme arrêté doit comparaître devant son juge naturel dans un délai très-limité?

Qu'est-ce que la *troisième division,* sinon un groupe

---

(1) C'est le nom qu'on donne à la police secrète.

d'agents chargés d'exécuter les ordres de leur chef?
et ne sont-ils pas employés surtout, et même exclusivement, en matière politique?

Je ne voudrais pas laisser supposer un seul instant que j'approuve l'institution de la police secrète,
ou que je ne déplore pas l'existence d'une « troisième
division ». Aujourd'hui encore on la fait servir à des
fins peu avouables; mais M. Dixon, en décrivant la
police secrète, ou, à proprement parler, la police
politique, la peint telle qu'elle était en 1848 et non
telle qu'elle est de nos jours.

S'il veut bien consulter le projet de loi, proposé
en 1862, que le docteur Eckardt a si clairement exposé (1), et auquel on a fini par se rallier, il y verra,
première partie, que la justice est séparée de l'administration, et le pouvoir exécutif du pouvoir lé-
gislatif; que le jury connaîtra de tous les crimes
non politiques; que les séances des tribunaux seront
publiques, etc., etc.

Comme je l'ai fait remarquer, ces dispositions font
partie de la loi qui a été mise en vigueur dès 1864
dans certaines parties de l'empire : comment l'affir-
mation de M. Dixon pourrait-elle donc se soutenir?

_____

(1) Dans *la Russie moderne.*

La « troisième division » n'a à s'occuper que d'affaires politiques, et, qui plus est, je n'ai jamais entendu dire qu'elle se fût ingérée dans des affaires criminelles ordinaires.

J'ai étudié l'action de la nouvelle loi ; M. Dixon lui-même convient que cette action est satisfaisante, mais il détruit l'effet de cet aveu par son exposé de « la troisième division » de la chancellerie impériale et par les conclusions qu'il en tire. Je préfère m'en rapporter au témoignagne du docteur Eckardt : « De toutes les réformes entreprises par le gouvernement actuel, dit cet excellent observateur, la réorganisation de la justice est décidément celle qui a produit les meilleurs résultats ».

L'importance de cette réforme n'échappera à personne, et puisqu'elle a réussi, il est juste de le constater et de ne pas laisser passer, sans leur donner un démenti formel, des allégations comme celles dont nous venons de parler.

M. Dixon raconte à ce propos l'histoire de Pavlenkoff, qui aurait été exilé à Kiachta pour avoir ouvert une souscription dans le but d'élever un tombeau au jeune écrivain Pizareff.

J'ignore quelles étaient les charges alléguées contre Pavlenkoff, mais je puis dire que, pour mon compte, j'ai pris part deux fois à des souscriptions en faveur de condamnés politiques en route pour la Sibérie. Cela se faisait ouvertement, la police connaissait les souscripteurs, et pourtant, bien que beaucoup d'entre eux fussent peu favorables au gouvernement, personne ne fut inquiété et l'argent fut remis sans aucune opposition aux exilés.

M. Dixon me permettra encore de lui dire que son policeman d'Archangel *priait* probablement le maître de la maison d'illuminer et ne lui en donnait pas l'*ordre*.

J'ai toujours eu pour principe, que quand on vit dans une contrée étrangère, sous la protection de ses lois, on est tenu en retour de se conformer aux mœurs et aux coutumes du pays. S'il m'est quelquefois arrivé, en dépit de ce principe, d'oublier d'illuminer, personne ne m'a jamais rien dit. Il ne faut pas attribuer cette tolérance à ma qualité d'étranger, car les Russes qui m'entouraient traitaient ces soi-disant ordres avec plus d'indifférence que moi.

Grâce au style de M. Dixon, et à ce qu'une revue a appelé ses *transitions dans les chapitres*, il est difficile de suivre ses développements et d'en pénétrer le sens.

En lisant son chapitre de *l'Exil*, j'ai cru d'abord

que M. Dixon était allé en Sibérie ; mais en y regardant de plus près, je trouve : « Dans une journée de voyage en tarantass, j'ai traversé une douzaine de hameaux, et dans tous, le juge de paix était Polonais ». Je conclus immédiatement de cette phrase que l'auteur n'est jamais allé en Sibérie, et cela pour la meilleure de toutes les raisons, c'est qu'à l'époque dont il est question, il n'existait pas de juges de paix dans cette contrée. D'ailleurs, à quelque partie de la Russie que l'auteur veuille faire allusion, j'ai peine à croire que M. Dixon ait traversé en un seul jour une douzaine de hameaux possédant tous des juges de paix.

Tous les petits villages n'en sont pas pourvus, bien loin de là. La juridiction du juge de paix s'étend sur un vaste district, et il serait vraiment miraculeux qu'en un seul jour, un homme voyageant en tarantass ait traversé douze villages possédant une justice de paix.

Mais le plus extraordinaire est que tous fussent Polonais. Pourtant cela est encore moins surprenant qu'une autre nouvelle que je lis dans le même chapitre : « Les tracés sont faits, et dans peu de mois un chemin de fer reliera Perm à Tomsk ».

C'est là certainement un renseignement personnel, — si personnel qu'il est ignoré de Son Excellence le ministre des voies de communication. En effet, j'ai lu dans le rapport du comité des chemins de fer, publié il y a quelques mois, qu'une commission spéciale venait d'être envoyée dans l'Oural pour déterminer le tracé de la ligne de Sibérie, et il y a bien des chances pour qu'elle ne passe ni par Tomsk ni par Perm.

Les plus chauds partisans du chemin de Sibérie bornent leurs ambitions à l'établissement d'une ligne de Tumen au Kama, reliant le système fluvial de l'Asie à celui de l'Europe. Les connaissances de M. Dixon en géographie s'étendent sans doute assez loin pour qu'il sache que la distance de Perm à Tomsk est de 1300 milles, et il n'ignore pas que les Russes eux-mêmes ne peuvent en quelques mois percer l'Oural et construire un chemin de fer de cette longueur. Quelle confiance peut-on avoir en un livre qui affirme d'une façon si positive des choses aussi impossibles ?

A l'époque où M. Dixon descendait le Volga, j'étais à Perm, et là, personne n'avait entendu parler du chemin de fer de Tomsk.

Quand M. Dixon désigne la Sibérie sous le nom de désert asiatique, je suppose que ce n'est pas d'après ses propres observations. Plusieurs des par-

ties de la Russie d'Asie que j'ai visitées ne méritent
pas cette qualification. M. Atkinson, qui y a beaucoup
voyagé, en fait un tableau bien différent.

Le chapitre des *Sibériens* est probablement basé
sur les renseignements du Polonais avec qui M. Dixon
« a voyagé quelques jours ». Ce n'est pas là une
source d'informations bien sûre, surtout en pareille
matière. Mais comme M. Dixon ne nous donne pas
ce chapitre comme l'expression de ses idées propres,
passons. Relevons encore dans le chapitre *Maîtres
et Domestiques* un renseignement évidemment de
seconde main : « Il est impossible de rien apprendre à une servante russe ». — S'il est un point sur
lequel se soient accordés tous les écrivains qui ont
parlé des Russes, c'est sur l'extraordinaire aptitude
des paysans à apprendre n'importe quel métier. Ils
imitent merveilleusement, ce sont de vrais singes
sous ce rapport. Je conviens qu'ils sont remplis de
préjugés et qu'il est difficile de les faire sortir de
leur routine ; mais quoique paresseux et mous à
l'ouvrage, les domestiques se mettent extraordinairement vite au courant du service et des goûts de
leurs maîtres.

J'ai eu sous mes ordres bien des milliers d'ouvriers ; j'ai constamment remarqué chez eux un ta-

lent inouï d'imitation, et si M. Dixon avait accordé la moindre attention aux manufactures, il aurait été aussi frappé que moi de ce trait particulier du caractère russe.

Le pauvre moujik a bien assez de ses défauts sans qu'on lui en prête qu'il n'a pas.

Au chapitre sur *les Villes* se trouve cette description d'un bazar : — « Après le pain de seigle et le poisson sec, les articles qui se vendent le plus sont les saints et les cartes ». Quelle erreur ! le menu peuple ne joue guère aux cartes ; — et que dire de la suite ? « Les bourgeois... voient tout à coup les joueurs jeter leurs cartes, ôter leur bonnet et tomber à genoux... c'est que le prêtre descend la rue avec le tableau sacré et la croix... et les gaillards qui tout à l'heure jouaient leur dernière chemise, sont maintenant prosternés et en prières ». Le peuple, il est vrai, se découvre et fait le signe de la croix quand les saints viennent à passer, mais c'est tout. On ne le voit guère s'agenouiller en pleine rue. La description est pleine d'exagération.

On nous dit, au chapitre *l'Artel et le Tsek* : « Un homme de naissance noble ne peut vivre à Moscou qu'en se faisant admettre dans une des sociétés reconnues... Il faut qu'un paysan se fasse inscrire sur les registres d'une de ces sociétés... s'il a le bonheur d'avoir son nom sur les livres d'un tsek. »

Il y a là une contradiction et des inexactitudes, car un paysan, un domestique, peut demeurer à Moscou sans s'assujettir à ces formalités.

Au chapitre de *la Bible* nous lisons : « Un savant Père de la vieille Église m'a fait sur la Bible des remarques qui m'ont paru caractéristiques... Dans la Grande Russie, m'a dit ce prêtre, dans la véritable vieille Russie, où nous parlons tous la même langue et où nous adorons tous le même Dieu, vous trouverez la Bible dans une maison sur deux. J'ai constaté dans mon voyage que cette observation est exacte, sinon à la lettre, du moins au fond. Après les Anglais et les Écossais, il n'y a pas de si grands liseurs de Bible que les Russes, quand ils savent lire ».

Je laisse de côté les paroles du prêtre, dont M. Dixon n'est pas responsable ; je ne m'occupe que de ce que l'auteur prétend avoir vu de ses yeux.

Eh bien, je n'ai jamais aperçu de Bible dans la maison d'un paysan russe. M. Dixon conviendra que c'est là un hasard singulier, car j'entre souvent dans les chaumières. Pour ce qui est de cette grande masse qui lit la Bible — quand elle sait lire, — l'au-

teur de *la Russie libre* aurait dû nous dire quelle est
en Russie la proportion des hommes sachant lire.
En admettant qu'elle soit de un pour cent parmi les
cultivateurs de la Grande Russie, le nombre des lecteurs de la Bible n'en reste pas moins assez restreint. Prenons garde ici de tomber dans une lourde
méprise ; le lecteur pourrait croire que le Russe, qui
est un vrai modèle de piété pratiquante, agit en
vertu d'un sentiment réellement religieux, dans le
sens ordinaire du mot.

Son respect pour les pratiques de dévotion vient
au contraire de sa superstition et de la persuasion
que son zèle lui sera profitable. Il a une foi aveugle
dans un être puissant qui voit tout, et qu'il croit se
rendre favorable par ses observances.

Les paysans sont complétement fatalistes ; on s'en
aperçoit à leur moindre geste. Ils croient détourner
un malheur prêt à fondre sur eux, en allant à l'é-
glise ou en faisant un signe de croix. Mais quant
à étudier les questions religieuses et à raisonner
leurs opinions, je soutiens qu'ils ne s'en inquiètent
guère.

On voit souvent deux moujiks ivres traverser une
ville en charrette ou en drojky. L'un d'eux soutient
l'autre pour lui permettre de se signer, quand la

voiture passe devant un saint; puis il reçoit de son
ami le même service.

On ne peut appeler cela un sentiment religieux, et
cependant c'est une observance. On lit à la dernière
page de *la Russie libre* : « Par une journée obscure
de décembre... l'empereur parcourt l'église qui doit
être sa dernière demeure... les visiteurs anglais le
suivent du regard... seul, la casquette enfoncée sur
les yeux, l'empereur passe devant les tombes ».

L'auteur a-t-il été témoin de ce qu'il raconte? A-t-il
vu lui-même l'empereur entrer dans l'église, la casquette enfoncée sur les yeux? L'a-t-il vu passer la
tête couverte devant les tombes, devant ces monuments où revit le souvenir de son père et du père de
son père? S'il l'a *vu*, je n'ai rien à dire; mais dans
le cas contraire, ni moi, ni aucun Russe, ni aucune
des personnes qui connaissent la Russie, nous n'ad-
mettrons jamais que le chef de l'Église orthodoxe ait
agi de la sorte.

Dans cette introduction, j'ai signalé certaines erreurs de M. Dixon qui doivent particulièrement cho-
quer ceux qui s'intéressent à la Russie. Elles sont
relatives à la vie intérieure de ce peuple si peu
connu; au premier abord, elles peuvent paraître sans
importance; mais elles se lient si étroitement aux

questions économiques, qu'il est impossible de les
laisser passer sans objection.

Je n'ai ni le temps ni l'espace de relever les autres
innombrables erreurs de M. Dixon, sans quoi j'aurais
eu bien des choses à dire sur son explication du
nom de « Christiani » donné aux paysans russes, sur
ses idées au sujet du *panslavonianisme*. En un mot
sur tout le livre, sauf la partie qui traite des monastères.

Quand M. Dixon a donné à son ouvrage un titre
qui promet tant, et publié ses vues sur un sujet
qu'il ne connaît pas, il a entrepris une tâche qu'il
ne pouvait accomplir et qu'il n'a pas accomplie. Il
a prêté le flanc à la critique de tous ceux qui s'occupent de ces questions, et c'est un devoir pour
ceux-ci de montrer d'abord que l'auteur a fort peu
décrit la Russie libre, en second lieu, que le peu
qu'il en a dit ne donne au lecteur que les idées les
plus erronées.

2.

CHAPITRE II

LES VIEUX ABUS ET LES NOUVELLES RÉFORMES.

En aucun pays de l'Europe la marche de la civilisation et du progrès dans les temps modernes n'a été aussi rapide, aussi ferme et aussi régulière qu'en Russie.

Les changements que la sagesse et l'énergie de quelques esprits éminents ont opérés et opèrent encore parmi les populations tout récemment nomades de la vaste Russie, seront un sujet d'étonnement pour les générations futures; une fois pleinement connus, ils constitueront pour elles un des chapitres les plus instructifs du livre de l'histoire.

A l'empereur actuel était réservée la gloire d'inaugurer les réformes qui ont amené la prospérité de la Russie.

L'empire comptait près de mille ans d'existence quand Alexandre II monta sur le trône, le 2 mars 1855. On ne tarda pas à ressentir les effets de son intelli-

gence et de sa bonté, et à reconnaître en lui un réfor-
mateur.

Dès l'année suivante, la conclusion de la paix lui
permit de commencer sa belle œuvre. Il eut à lutter
contre d'innombrables difficultés : un parti puissant,
opposé à toutes les réformes, intéressé à maintenir
le système de corruption et de péculat qui avait
envahi toutes les branches de l'administration, employait son influence à combattre les idées nouvelles,
qui, en dépit de ses efforts, se répandaient dans le
peuple. Les hommes de ce parti criaient contre la
réduction de l'armée, et ils s'indignaient qu'on pût
avoir seulement la pensée d'établir des chemins de
fer en Russie; d'une bigoterie extrême, ils s'oppo-
saient à toute réforme dans l'Église; les changements
qu'on proposait d'apporter à la législation leur semblaient révolutionnaires, et l'émancipation des serfs,
projetée depuis si longtemps, devait, selon eux, entraîner la ruine de l'empire.

Ils le prétendaient du moins. Ils savaient bien ce
qui les menaçait. Propriétaires de vastes domaines,
comptant leurs esclaves par milliers, exerçant un
pouvoir absolu et despotique sur leurs semblables, ils
sentaient que le temps de la cruauté et de la licence
sans frein allait finir, et que le premier souffle de la

réforme, en inspirant au peuple une vie et une énergie nouvelles, pousserait vers la ruine ceux d'entre
eux qui ne pourraient se conformer au nouvel ordre
de choses.

Ils formaient un corps puissant ; mais le nouveau
parti était encore plus fort qu'eux, et les réformes
se succédaient rapidement. En ce temps, la corruption était partout : l'administration entière était gan-
grenée; l'argent était devenu le seul mobile, tellement qu'une affaire avec l'État se réduisait à un
marché. Si vous accordiez le prix demandé par le
tchinovnik (1), votre affaire avait chance d'aboutir;
sinon, elle n'avançait jamais d'un pas.

Je me souviens qu'un de mes amis, qui connaissait
mieux que personne les agissements de la bureau-
cratie d'alors, me donna un jour l'avis suivant :
« Quand vous voulez obtenir quelque chose d'une
administration, adressez-vous au soldat qui ouvre la
porte; il vous dira à qui vous devez parler, qui vous
devez payer et ce qu'il vous faut donner ». Cet avis
était parfaitement bon.

On voyait rarement alors refuser de l'argent.

Un jour, un de mes amis intimes, craignant de

_____

(1) Employé du gouvernement.

blesser les susceptibilités d'un certain personnage, inventa un expédient ingénieux qui depuis a été fort à la mode. Il plaça son cadeau dans un porte-cigares, à côté de cigarettes, et avec un : « Permettez-moi, Excellence », présenta la boîte toute grande ouverte à la personne à qui il avait affaire.

Il arrivait rarement qu'on touchât aux cigares.

Les prédécesseurs d'Alexandre avaient souvent pensé à l'émancipation. Nicolas avait amélioré sous plusieurs rapports la situation des serfs ; c'est lui qui leur conféra le droit de posséder des terres et de passer des contrats, en un mot, qui leur donna des droits civils ; c'est encore lui qui interdit de vendre les serfs sans la terre ; il caressait depuis longtemps le projet d'une émancipation complète, et il l'aurait probablement réalisé, sans le sentiment de vague inquiétude qui pesait sur lui depuis la révolution qui avait signalé son avénement.

Il mourut. A Alexandre II échut la tâche de briser les chaînes qui, depuis près de trois siècles, pesaient sur quarante-cinq millions d'hommes et les maintenaient dans un état de servitude et d'ignorance dénoncé par toutes les nations civilisées comme un reste de barbarie.

Alexandre II mit hardiment la main à l'œuvre et

termina glorieusement l'entreprise que son prédécesseur, malgré lui peut-être, n'avait pu achever.

Quand ce grand acte politique, source de la régénération du peuple russe, fut définitivement accompli, d'autres réformes importantes se succédèrent rapidement. La Russie, qui depuis tant d'années était restée en arrière de ses sœurs d'Occident, commença à avancer d'un pas ferme, et l'on put espérer que cette génération regagnerait une grande part du temps perdu.

Quoique dix années seulement se soient écoulées depuis cette transformation, le résultat est, à mon avis, indiscutable : un grand succès a été obtenu.

Chaque fois qu'une réforme de cet ordre s'accomplit, quelques erreurs de détail se glissent inévitablement dans l'exécution ; l'*acte d'émancipation* n'échappa pas à cette loi. Il fallait sauvegarder les intérêts les plus contradictoires, et l'opinion était divisée sur les meilleurs moyens à adopter pour ne léser ni le maître ni le serf. Il est probable que si la question avait été mieux comprise et plus discutée par le peuple lui-même, les articles relatifs au partage des terres, qui lient encore le paysan au sol pour un certain laps d'années, auraient disparu de la loi.

Il n'entre pas dans mon dessein de discuter en détail l'acte lui-même ; je veux seulement m'arrêter un instant à l'article qui règle le partage des terres ; à cette question il s'en rattache directement une autre, celle de savoir si le résultat a été avantageux aux propriétaires. D'après l'acte d'émancipation, les portions de terres allouées aux paysans variaient d'un minimum de 2 ou 3 quartiers à un maximum de 25 acres ; mais chacun était en outre autorisé à retenir la terre qu'il occupait au moment de la promulgation de la loi, jusqu'à ce qu'on lui eût mesuré et délivré la quotité à laquelle il avait droit. Une loi promulguée en 1861 accordait à cet effet aux propriétaires un délai de deux ans qui fut ensuite porté à huit.

A défaut d'un arpentage dans ce délai, la terre occupée par les paysans devait être considérée comme leur propriété et leur être allouée à perpétuité.

Le fonctionnaire chargé de surveiller l'arpentage des terres avait le titre de *myravoï pasrednik*, c'est-à-dire arbitre de la paix ; cette charge avait été créée par l'acte d'émancipation, et celui qui la remplissait était en fait juge entre le propriétaire et le paysan.

Ces espèces d'arbitres étaient en nombre très-insuffisant, et par suite souvent surchargés de besogne ; quelques-uns ne faisaient rien par pure paresse ; d'au-

tres se mêlaient de ce qui ne les regardait pas et se
créaient ainsi des occupations qui leur faisaient né-
gliger l'arpentage des terres, leur véritable fonction.

Un premier arpentage était soumis aux paysans,
qui le rejetaient invariablement; car venant du propriétaire, il devait nécessairement, à leurs yeux, léser
le moujik.

Venait ensuite un contre-arpentage fait par l'inten-
tendant de la province; cela demandait du temps et
il devenait difficile d'aboutir à une conclusion.

On avait recours enfin à l'arbitre de la paix; mais
sa négligence était si grande que le peuple se fati-
gua de l'aller chercher et commença à perdre courage. Cette difficulté ne fut sensible que pour les
grands propriétaires; les petits terminèrent leur arpentage dans le délai prescrit. D'après la loi, tous ces
arpentages devaient être *commencés* avant le terme
indiqué, et comme pour être en règle et avoir commencé il suffisait au propriétaire d'envoyer le plan,
il était en faute s'il y manquait. J'ignore quand on
aura terminé; mais, d'après ce que j'ai pu voir, cela
durera encore un certain temps, à moins que le gouvernement ne prenne le parti de supprimer les arbitres.

D'après mon expérience personnelle, j'estime que

sur presque toutes les grandes propriétés les paysans occupaient plus de terre que la quantité légale; comme, d'un autre côté, depuis que dure l'arpentage les paysans ne cessent chaque année de s'agrandir, il n'en est guère qui n'aient actuellement beaucoup plus que leur part.

Le moujik a naturellement choisi les meilleures terres, et le propriétaire subit la perte des dix dernières années de fermage.

Un domaine de 500,000 acres, dont j'avais la direction, comprenait 36 villages et une population d'environ 40,000 âmes. Quand je fis procéder à l'arpentage, je constatai que tous les villages, excepté deux, avaient plus de terres (et quelques-uns beaucoup plus) qu'il ne devait leur en revenir. Tout était cultivé, ce qui prouve que sous ce rapport l'émancipation n'a pas échoué, et que, contrairement au préjugé universellement répandu, les paysans utilisent les terres qui leur sont données. Je n'ignore pas que bon nombre de personnes considèrent l'émancipation comme un insuccès; il est assez difficile de saisir les arguments sur lesquels s'appuie cette assertion. Je viens d'indiquer une des critiques les plus souvent reproduites; une autre consiste à dire que les propriétaires ne peuvent se procurer assez d'ouvriers pour cultiver les terres qu'on leur a laissées.

Je ne crois pas que cette opinion soit fondée.

S'il est de fait que dans quelques parties de l'empire l'agriculture manque de bras à certains moments, par exemple aux époques de la fenaison et de la moisson, l'émancipation n'y est pour rien. Sans vouloir soutenir que la rareté de la main-d'œuvre soit un avantâge pour le propriétaire, elle prouve du moins que le paysan a retiré de son affranchissement des bénéfices immédiats, car elle démontre qu'il a de quoi s'occuper sur sa propre terre.

On me répondra que ce n'est pas une raison ; que tout au contraire il passe peut-être tout son temps à ne rien faire. Je le nie encore. Il faut que sa famille et lui mangent ou meurent de faim ; or ils ne meurent pas de faim et ils ne mendient pas.

Dans aucun des pays que j'ai parcourus je n'ai vu moins de mendiants qu'en Russie.

On en rencontre dans les grandes villes, comme dans toutes les grandes villes du monde ; mais, même là, ils sont, plus que partout ailleurs, de la variété que j'appellerai *professionnelle*, c'est-à-dire qu'ils sollicitent des dons en nature qu'ils vendent ensuite.

En Russie, le mendiant de cette catégorie est toujours muni d'un grand bissac dans lequel il met les

aumônes qu'il reçoit ; elles consistent le plus souvent
en morceaux de pain. A la campagne et dans les petites villes, les mendiants sont fort rares ; on n'en voit
guère d'autres que ceux qui se tiennent à la porte
des églises ; encore sont-ce généralement des vieillards
et des infirmes des deux sexes.

S'il y a manque de bras (ce que je n'admets pas),
on doit l'attribuer à l'étendue de plus en plus grande
du sol mis en culture.

Bon nombre de propriétaires, voyant que l'émancipation leur avait enlevé une grande partie de leur
revenu en substituant un *obrok* (1) fixe aux sommes
souvent énormes qu'eux ou leurs intendants extor-
quaient des malheureux serfs, ont naturellement
tourné leur attention vers leurs propriétés, et commencent à faire valoir pour leur compte sur une
bien plus grande échelle qu'ils ne l'avaient tenté jusqu'alors. Ils assurent que la main-d'œuvre est rare,
et crient que l'émancipation les a ruinés. La véritable
cause de cette pénurie est dans la difficulté naturelle
de trouver assez de bras pour cultiver un terrain
qui, jusqu'à présent, était resté en friche et ne néces-
sitait aucun travail.

(1) Rente foncière.

Mon opinion très-arrêtée est cependant qu'à un moment donné la main-d'œuvre manquera en Russie, à moins qu'on ne prenne des mesures pour favoriser l'établissement d'un courant d'émigration entre les provinces où les bras surabondent et celles où ils font défaut.

Malgré tout ce qui a été écrit sur les tendances nomades des Russes, il n'est pas du tout facile de les décider à émigrer; ils détestent les changements de domicile, et aucun homme n'est plus attaché que le moujik à son village natal.

Le serf émancipé a le sentiment de sa liberté; il comprend les avantages de sa nouvelle condition; peu à peu, il s'apercevra qu'il n'a pas besoin de chercher d'ouvrage chez les autres, que sa terre suffit et au delà à ses besoins. Les chemins de fer lui font vendre ses produits plus cher; les voyages et le développement de son intelligence lui apprennent à tirer meilleur parti du sol; avec le temps il deviendra indépendant et n'aura plus besoin de travailler pour les autres.

Il en résulte qu'à moins qu'on ne trouve le moyen d'accroître la population, la main-d'œuvre deviendra de plus en plus rare.

Il est clair qu'elle augmentera de prix; car actuellement les salaires des villes sont trop élevés en comparaison de ceux des campagnes ; la facilité des communications aura pour conséquence naturelle de faire hausser le prix de la journée du moujik.

Mais les bras ne manquent pas encore, et la preuve, c'est que chaque jour les terres augmentent considérablement de valeur.

Cette plus-value est énorme dans tous les bons districts ; la terre qui se vendait, il y a quelques années, 10 roubles le *déciatine* (1), est demandée maintenant à 70 ; à ce prix, celui qui fait valoir réalise de beaux bénéfices, de sorte qu'en réalité les propriétaires retirent plus d'argent de leurs terres qu'avant l'émancipation. Peu importe que cela tienne à une cause ou à une autre.

Je ne crois pas que la noblesse russe ait perdu à la suppression du travail gratuit des serfs, si on entend bien cette expression.

La noblesse russe, ou plutôt la partie de cette noblesse qui fait entendre des plaintes à ce sujet, ne tirait pas ses immenses revenus du travail gratuit des serfs, mais bien des redevances considérables qu'elle imposait à certains d'entre eux, en échange de l'au-

_____

(1) Environ 2 acres 3/4.

torisation d'aller s'établir en dehors du domaine au
quel ils appartenaient.

Dans toutes les conversations que j'ai eues sur ce
sujet, j'ai vu prédominer ces idées chez les hommes
capables émettre une opinion loyale et désintéres-
sée. Des intendants des plus vastes domaines de
l'empire m'ont affirmé l'exactitude de ces remarques ;
des gens qui, pour la plupart, avaient passé leur vie
à faire une espèce de métier de garde-chiourme,
m'ont attesté que mes assertions étaient justes.

Tels sont les principaux faits invoqués par le parti
de l'antiémancipation ; je répète qu'à mon humble
avis, il n'y a pas là un mot de vrai. Mais, pour apprécier sainement les résultats réels de cette grande
entreprise et décider en connaissance de cause si
elle a, oui ou non, réussi, je préfère considérer les
moujiks eux-mêmes et tirer mes conclusions d'observations directes.

Je rencontre chez les paysans des signes non équi-
voques de progrès. Partout dans les villages des maisons neuves se construisent ; les vieilles se réparent ;
les champs sont mieux clos, les cours plus grandes ;
sur beaucoup de maisons de ci-devant serfs sont
clouées les plaques des compagnies d'assurance contre
l'incendie ; les chevaux sont plus souvent ferrés, les

roues des voitures plus généralement munies de bandes
de fer; la chandelle de suif a remplacé dans les habitations la chandelle de résine; hommes et femmes
sont mieux vêtus; tous recherchent l'instruction; ils
savent qu'ils sont sous la protection de la loi; ils se
rendent mieux compte de ce qui se passe dans la ville
voisine; les hommes commencent à se lancer dans
les affaires et se font meuniers, tanneurs, bateliers,
propriétaires de bateaux à vapeur, marchands de
bestiaux, maîtres forgerons, etc.; ils se servent de
machines grossières pour préparer le lin et vanner le
blé, traitent leurs femmes avec plus d'égards, vivent
moins en état de concubinage : — tout voyageur
attentif peut s'assurer de ces progrès. Ne reconnais-
sons-nous pas là des preuves de la transformation des
paysans? La plupart de ces faits se seraient-ils jamais
produits sous un régime de servage?

Je demande donc au lecteur si je n'ai pas le droit
d'affirmer que l'émancipation n'a pas échoué, et
qu'elle est au contraire un succès, et même un grand
succès.

Je vais vous citer des mots de serfs émancipés,
en vous demandant si vous les auriez entendus il y
a quelques années.

A un petit buffet du chemin de fer de Moscou à

Nijni, un général en grand uniforme — notez que dans le vieux temps un général était pour le paysan l'équivalent du diable en personne, grâce aux moyens de torture dont il disposait, — un général, dis-je, avait une altercation avec le garçon qui ne le servait pas assez vite à son gré.

« Ne voyez-vous pas que je suis général? » s'écria en fureur l'aristocratique personnage galonné de rouge.

— Je le vois bien, dit le garçon; mais à présent les généraux ne sont pas plus que les autres. »

Sous l'ancien régime, je n'aurais pas aimé à être le garçon, tandis que sous le nouveau il eut l'avantage et mit les rieurs de son côté.

Autre anecdote : je voyageais dans un tarantass, en compagnie du colonel d'un régiment de cavalerie. Trouvant que notre cocher ne nous menait pas assez vite, nous nous mîmes à crier après lui, mais inutilement; les jurons ne produisirent pas plus d'effet; alors mon ami en colère se leva; mais le cocher, qui savait ce que cela signifiait autrefois, se tourna et lui dit :

« Vous savez, Excellence, que maintenant vous n'avez plus le droit de me battre? » Ce mot ferma naturellement la bouche à mon compagnon, qui, appartenant à la nouvelle école, était aussi ravi que moi de trouver chez cet homme tant d'indépendance et une conscience si nette de ses nouveaux droits. Pour faire sentir toute la portée de cette historiette, j'ajouterai que le prince qui m'accompagnait possédait un domaine de plusieurs centaines de milliers d'ares situé à peu de distance de l'endroit où eut lieu cet incident, et que par conséquent le cocher savait parfaitement qu'il avait affaire à l'homme le plus puissant du pays.

Qui donc oserait nier que le paysan n'acquiert journellement le sentiment de sa propre dignité? et n'est-ce pas là ce qu'on doit souhaiter avant tout chez un peuple qui sort d'esclavage? Il me serait facile de m'étendre longuement sur ces progrès et sur les heureux résultats de l'émancipation; mais de nombreux passages feront suffisamment ressortir, dans le courant de ce volume, ce qu'*était* l'homme et ce qu'il *est* maintenant, ou, pour parler plus exactement, ce qu'il *devient*.

Le serf émancipé est, sans comparaison, ce qu'il y a de plus important et de plus intéressant à étudier en Russie. Il a été l'objet d'appréciations sévères; mais observez-le comme je l'ai observé, vivez avec lui comme j'ai vécu pendant plusieurs années avec

3.

ceux que j'avais sous mes ordres, surtout gagnez sa
confiance et amenez-le à causer avec vous ; tout cela,
je l'ai fait et je déclare hautement à mes nobles amis
de Russie que j'aime leur serf émancipé, et que
l'émancipation a été un immense succès.

Cette grande réforme a été suivie de l'introduction
des chemins de fer. Quoique la Russie soit un pays
où les chemins de fer doivent, avec le temps, se soutenir seuls et même donner des bénéfices, l'industrie
privée avait toujours reculé devant l'immensité des
distances et la rareté des villes. Notre génération n'aurait probablement guère connu d'autre ligne que
celle de Saint-Pétersbourg à Moscou, si le gouvernement de l'empereur, dans un esprit de prévoyance
pour le pays, n'avait pris à sa charge, ou du moins
garanti les frais de premier établissement d'un grand
nombre d'autres lignes.

L'empereur, le propriétaire et le paysan béné-
ficient également du réseau de lignes qui met maintenant la capitale à portée de toutes les foires, de
tous les lieux d'approvisionnement, de toutes les
mines de l'empire ; qui ouvre des ports d'embar-
quement commodes à d'inépuisables richesses minérales, et assure des débouchés à d'immenses régions
fertiles en excellentes céréales, mais que leur éloi-

gnement des côtes avait jusqu'ici tenues dans un état d'isolement.

Il va de soi que la création de communications rapides entre la capitale et l'extrême frontière a considérablement accru la force militaire de l'empire.

On raconte que le plan de la ligne de Saint-Pétersbourg à Moscou fut soumis à l'approbation de l'empereur Nicolas. On lui demandait de prononcer entre deux tracés rivaux; il mit tout le monde d'accord en posant une règle sur le papier et en tirant une ligne droite d'une gare à l'autre; le chemin de fer fut construit en conséquence, et sur un parcours de 400 milles il ne se trouve qu'une seule ville importante, Tver.

Les campagnards profitent largement des facilités de communication qui leur sont offertes pour visiter les grandes villes, et ils rapportent de ces excursions des idées plus larges et plus intelligentes que celles qu'ils peuvent acquérir dans leurs villages.

Les chemins de fer exercent ainsi une influence bienfaisante dans tout le pays, et contribuent à la destruction des vieux préjugés.

A mesure que se répand l'habitude de circuler,

disparaissent les formalités vexatoires qui accablaient jadis le voyageur. Il y a dix ans, ces formalités étaient terribles. On vous demandait à chaque instant votre passe-port; vous étiez retardé, tracassé, obligé d'avoir constamment l'argent à la main. Tout cela est changé aujourd'hui, et le même passe-port sert d'une extrémité de l'empire à l'autre, sans qu'aucun fonctionnaire ou agent de police vienne entraver votre liberté d'action.

Pendant un voyage de plus de 10,000 verstes que j'ai fait en 1869, on ne m'a pas demandé une seule fois mon passe-port.

La politique de la Russie tend à devenir libérale en tout. Dans une société douée, comme la société russe, d'une constitution à part, une réforme quelconque exige une grande prudence de la part de celui qui l'entreprend. Le dernier tarif douanier, quoique très-protecteur si on le juge d'après nos idées anglaises, est cependant en grand progrès sur le précédent.

Des réformes énergiques s'opèrent dans les couches inférieures de l'administration. Le nombre des employés a été considérablement réduit dans plusieurs départements; d'anciens abus sont mis en lumière et, selon les cas, violemment extirpés ou doucement corrigés. Enfin — je parle d'après mon

expérience personnelle, — tous les chefs de service,
sans exception, se prêtent à réformer de fond en
comble l'administration.

On conçoit combien il était difficile d'attaquer une
vénalité passée à l'état chronique. Il était malaisé de
se rendre un compte exact de la situation. Partout
les employés inférieurs avaient accaparé les affaires,
et il devenait presque impossible de distinguer le
coupable de l'innocent. Cependant de vigoureuses
mesures furent prises et les choses ont complète-
ment changé d'aspect.

Prenez pour exemple les finances, aujourd'hui
gérées par un ministre aussi intègre que capable,
M. de Reutern, dignement secondé par le général
Greig; elles sont organisées comme celles de nos
États occidentaux, à qui elles pourraient souvent ser-
vir de modèle.

Les impudentes exactions du fonctionnaire russe
de la vieille école sont heureusement impossibles aujourd'hui. Jadis, cet homme vous abordait sans ver-
gogne pour solliciter votre bienveillance : il était si
pauvre, il avait tant d'enfants, de si maigres appointements ! Il vous détaillait tous les actes arbitraires qu'il
pourrait commettre et les désagréments qui en résul-
teraient pour vous; enfin, il vous mettait dans l'im-

possibilité de ne pas comprendre que si vous ne fai-
siez pas « telle et telle chose » (on savait ce que cela
voulait dire), il se verrait obligé, à son grand regret,
de faire « telle et telle chose » au nom de la loi.

Un devoir à remplir n'était pour lui qu'une occasion d'extorquer de l'argent.

Ni le soin de la sûreté publique, ni aucune autre
considération ne pouvaient balancer dans son esprit
un bénéfice à faire.

Je me trouvais un soir d'été dans un lieu de plaisir
célèbre à Moscou ; c'était un jardin dont le propriétaire s'imaginait avoir acquis dans sa jeunesse une
sorte de nationalité anglaise en montrant une collection de chiens savants à notre feue reine douairière,
et saisissait chaque prétexte de faire montre du peu
d'anglais qu'il savait.

Il se mit à m'exposer ses griefs personnels et me
dit dans son mauvais anglais, en désignant du doigt
une troupe de fonctionnaires qui se régalaient à ses
dépens :

« Regardez-moi ces coquins-là ! J'ai payé 300 roubles pour ma licence, 100 roubles pour ma patente
d'eau-de-vie, une somme énorme pour mon bail.
Ensuite un monsieur vient me trouver et me dit :
« Je suis l'architecte du gouvernement ; si vous ne

« me donnez pas 50 roubles, je certifierai que votre
« maudite baraque va tomber. »

— Qu'avez-vous répondu? demandai-je.

— J'ai payé, parce que c'était vrai. La maudite
baraque allait tomber. »

Et on fit une transaction. L'architecte empocha ses
roubles et le public continua à boire du thé et du
vodky au péril de ses jours.

Il faut dire à la décharge de cette bande de fripons,
que l'administration forçait ses employés à voler en
les payant si peu qu'il leur était matériellement impossible de vivre avec leurs appointements. On tenait
probablement compte des ressources extraordinaires
qu'ils se procuraient.

Un juge appartenant à une des anciennes cours de
province me disait un jour que son traitement était
de 200 roubles (environ 750 fr.). « Comment voulez-
vous que je vive? » ajoutait-il.

La suite de son discours nous apprendra comment
il faisait pour vivre et prospérer avec son revenu de
200 roubles.

« Vous avez constamment affaire à mon tribunal et
vous êtes à chaque instant obligé d'envoyer ici un de
vos commis. Que ne me nommez-vous votre manda-
taire? Cela vous épargnerait beaucoup de peine et

d'argent, et *vous seriez sûr que vos affaires seraient bien faites.* »

Je crois qu'à force de pratiquer un système vicieux, son esprit s'était tellement faussé qu'il ne se rendait plus compte de l'incongruité de sa proposition, et qu'il fut plus surpris qu'offensé d'un refus qu'il attribuait à une délicatesse puérile.

Je crois aussi qu'il avait une certaine confiance dans la bonté de ma cause et qu'il n'avait pas prévu la possibilité d'être appelé à rendre un jugement injuste en ma faveur. Mais il est difficile d'admettre que si nous avions fait arrangement, mes adversaires eussent eu beau jeu dans les cas douteux.

La réserve absolue et l'indifférence complète aux questions de personnes, que nous regardons comme les attributs indispensables du juge, étaient choses inconnues en Russie. Mon commis, revenant un jour d'un tribunal où j'avais eu plusieurs affaires à soutenir, soit comme plaignant, soit comme défendeur, me rapporta de la part du juge des nouvelles confidentielles de mes différents procès. « Telle question a été tranchée en votre faveur, — Ivan Ivanovitch est condamné ; — Michel Michaelovitch est débouté », et ainsi de suite. Enfin, pour résumer : « Tout a été décidé selon vos désirs ; le juge vous fait ses compli-

ments et vous prie de lui envoyer quelques pieds de
dahlias pour son jardin. »

Grâce à de petites douceurs de ce genre on dimi-
nuait les ennuis qui accompagnent de fréquents recours à la loi.

Mais ce n'était pas seulement le juge qui mettait
aux enchères sa bienveillance; le plus infime plumas-
sier n'exerçait que moyennant argent comptant les
humbles devoirs de sa profession.

Vous entriez par exemple dans le bureau d'une
administration publique pour une simple formalité.
Vous vous approchiez du tchinovnik, qui, devinant
vos intentions, paraissait absorbé dans son travail.
« Bonjour, Ivan Ivanovitch », disiez-vous poliment et
amicalement. Ivan était sourd et sa plume courait
de plus en plus vite. Vous répétiez dix fois de suite
votre phrase, Ivan restait plus sourd que la feuille
de papier qu'il salissait. Alors vous posiez tranquillement un billet de trois roubles devant lui, en répétant : « Bonjour, Ivan Ivanovitch », et en lui demandant des nouvelles de sa santé. Ivan se levait
comme mu par un ressort, et laissant subitement ce
travail si absorbant, il vous donnait une cordiale
poignée de main et vous demandait ce qu'il aurait
le plaisir de faire pour votre service. Vous étiez alors

assuré que votre affaire serait expédiée le plus vite possible ; mais sans le recours aux roubles vous auriez pu attendre indéfiniment.

On comprend sans peine qu'un juge qui accepte de l'argent se trouve fréquemment dans le cas d'être *payé par les deux parties.* J'ai été témoin d'un fait de ce genre assez curieux. J'avais un procès important devant un petit tribunal, et la décision des juges m'avait été communiquée officieusement avant d'être rendue publique ; elle n'était pas favorable aux intérêts que je représentais. Or les juges étaient, à ma connaissance, également *bien* avec mon adversaire et moi, et désiraient nous contenter tous les deux.

A cet effet, ils avaient rendu le jugement suivant : « Verdict en faveur du plaignant, avec droit d'appel pour le défendeur ; le jugement ne sera exécutoire que quand le résultat de l'appel sera connu. » La dernière partie du jugement était en contradiction flagrante avec la loi, et en somme la sentence devenait une lettre morte, puisque l'appel aurait duré plusieurs années.

Quand le jugement fut connu officiellement, j'envoyai mon commis en prendre copie sur le registre de la cour. Il reconnut qu'il n'avait pas été entériné dans les termes qui m'avaient été communiqués, que la dernière clause était omise, et par conséquent le jugement tout à fait contraire à nos intérêts.

Cependant, en examinant attentivement le registre, il s'aperçut que plusieurs feuillets avaient été enlevés et remplacés par ceux sur lesquels était transcrit le jugement; la colle était encore fraîche. De plus, la minute du jugement ne portait pas la signature du greffier. J'allai trouver ce dernier, et lui exposai que d'après la loi, altérer un registre ou un jugement constituait un cas de Sibérie. Que signifiait tout cela ?

Il m'avoua que lorsque les juges s'étaient aperçus de l'illégalité de leur première sentence, ils avaient coupé dans le registre les feuillets sur lesquels elle était transcrite et en avaient collé d'autres à la place. Ils avaient jeté l'original de l'arrêt dans le poêle; mais comme il n'y avait pas de feu, le greffier l'avait retiré, et en effet il me le présenta!

J'ai à peine besoin d'ajouter, qu'ayant porté l'affaire à la connaissance des autorités compétentes, je n'entendis plus parler du second jugement et qu'il fallut recommencer le procès. Je ne sais pas au juste ce qu'il advint des juges, mais je crois qu'ils furent tous suspendus.

La vieille loi russe sur les témoins interdisait aux parties de déposer dans leur propre cause.

Il court à Moscou une anecdote curieuse qui montre les effets de cette loi. Un prince de grande famille, qui avait une passion exagérée pour la toilette, fut très-mécontent de certains habits qu'il avait reçus du tailleur fashionable de l'endroit. Il passa chez cet homme pour lui faire des reproches. L'autre reçut très-mal son noble client, lui dit qu'il n'admettait pas qu'on critiquât ses habits, et mit brusquement fin à l'entrevue en envoyant le prince d'un coup de pied en bas de l'escalier. Le hasard voulut que personne ne se trouvât là.

Le prince courut aussitôt chez le commissaire de police du district lui demander justice. Le *quartalnik* posa la question de rigueur : « Quels sont vos témoins? » Malheureusement il n'y en avait pas — personne n'avait été témoin de l'insulte. Le quartalnik se contenta de hausser les épaules, et exprima ses regrets de ne pouvoir agir.

Sans se laisser décourager par ce premier échec, le prince passa par tous les degrés de la hiérarchie et s'adressa successivement au quatrième « chef de police », puis au troisième, puis au second. La réponse fut partout la même : sans témoin il n'y a rien à faire.

En désespoir de cause, il alla trouver le premier chef de police, lui conta son affaire et ajouta :

« Je sais que ce tailleur travaille aussi pour vous, mais je ne doute pas que Votre Excellence ne lui paye ses habits ; je crois que ce n'était pas le cas pour les employés auxquels je me suis déjà adressé. J'ai donc la confiance que vous me ferez donner satisfaction de l'insulte que j'ai reçue. »

Le haut fonctionnaire répondit comme ses subordonnés : « Quels sont vos témoins ? »

Cependant le lendemain le prince reçoit une lettre du chef de police, lui disant que le tailleur viendrait à telle heure lui faire des excuses. Quelques instants avant le moment indiqué, le prince envoie son domestique faire une commission à l'autre bout de la ville ; il reçoit le tailleur en tête-à-tête, ferme la porte à clef, cravache son homme et finalement l'envoie d'un coup de pied en bas de l'escalier.

Le tailleur, à qui on avait persuadé que ses excuses seraient gracieusement accueillies, courut tout surpris chez le chef de police pour lui raconter la réception qui lui avait été faite. « Je n'y suis allé que pour complaire à Votre Excellence ; je croyais que le prince accepterait mes excuses ; loin de là, il m'a battu et chassé à coups de pied ; je demande justice. »

Le chef de police manda le prince et lui adressa des reproches.

« Excellence, répondit le prince, il se peut que le tailleur vous ait conté cette histoire, mais où sont ses témoins? »

L'anecdote suivante montrera quels tripotages étaient possibles sous l'ancienne loi.

Un procès qui durait depuis plusieurs années fut enfin jugé par le sénat dans un sens qui ruinait le perdant.

Celui-ci n'y voyait aucun remède et se résignait à la perte de tout son avoir, quand il reçut un matin la visite d'un petit tchinovnik à la tête ronde, qui, sans plus de circonlocutions, lui demanda quels seraient ses honoraires dans le cas où il réussirait à empêcher l'exécution du jugement. L'autre répondit d'abord que c'était une chose impossible; puisque le sénat avait jugé et que la décision était sans appel. « C'est mon affaire, dit le tchinovnik; me donnez-vous 5,000 roubles, si je retarde de six mois l'exécution du jugement? »

— Volontiers, dit l'autre; mais comment vous y prendrez-vous?

— Ne vous en préoccupez pas; c'est mon affaire. Vous n'oublierez pas nos conventions? »

Le tchinovnik laissa notre homme très-peu rassuré ; mais le temps se passa, et à sa grande surprise il n'entendit plus parler du verdict ; il commença à croire que son tchinovnik était à l'œuvre. Cependant il ne demeurait pas oisif et réalisait ses propriétés, qui étaient situées dans le gouvernement de Tambov. Quand il eut à peu près toute sa fortune en valeurs portatives, il fit un voyage en Suisse « pour sa santé ». De ce port de refuge il entama une correspondance avec son créancier, fit un compromis avec lui et, l'affaire réglée, retourna en Russie.

Au bout d'environ six mois, il reçut notification de la sentence de la cour, devenue inoffensive, et le tchinovnik vint réclamer ses honoraires.

Quand il eut été payé, il raconta comment il s'y était pris : « Rien n'était plus facile, dit-il ; c'est moi qui suis chargé de mettre les adresses sur les enveloppes qui contiennent les notifications des jugements de la cour. Je me suis trompé pour la vôtre ; j'ai écrit « gouverneur de Tomsk » au lieu de « gouverneur de Tambov ». Or vous savez que, grâce à toutes nos formalités, il faut au moins six mois pour qu'une lettre aille à Tomsk et en revienne. Je vous avais justement promis un répit de six mois ; l'erreur n'a été découverte qu'au bout de ce temps.

— Vous ne vous êtes pas attiré de désagréments pour vous être trompé?

— Non ; cela pouvait arriver à tout le monde . »

Les abus mis en lumière par ces anecdotes disparaissent rapidement sous l'influence de la nouvelle loi qui, sous Alexandre II, a déjà été mise en vigueur dans la plupart des gouvernements de l'empire. L'empereur Nicolas avait donné la première impulsion à cette gigantesque réforme, en fondant une excellente école de droit à l'usage des jeunes gens qui se destinaient aux carrières judiciaires. Leurs études demandaient beaucoup de temps et de travail, car l'ancien code, rédigé en 1664, sous le tzar Alexai Michaelovitch, contenait plus de 30,000 articles, qui ont été classés par ordre de Nicolas.

Il fut impossible d'introduire la nouvelle loi dans toute la Russie à la fois, parce qu'on manquait en province d'hommes remplissant les conditions voulues pour être juges.

Sous l'ancien régime, la soi-disant justice était rendue par écrit et à huis clos.

D'après la nouvelle loi, dont c'est peut-être le plus grand bienfait, les séances des tribunaux sont publiques et les premiers magistrats sont inamovibles.

Les juges de paix sont payés, et nommés à l'élection

par les habitants et les propriétaires terriens ; il y en
a un par district. Il est nommé pour trois ans, au
bout desquels il peut être réélu. Il doit, pour être
éligible, posséder une certaine quantité de terres. Ses
décisions sont définitives quand la peine est une
amende de 15 roubles ou un emprisonnement de trois
jours au plus ; au delà, elles sont susceptibles d'appel. Cette juridiction s'étend, en matière civile, à
toutes les affaires dont l'importance ne dépasse pas
500 roubles ; en matière criminelle, à tous les cas où
le maximum de la peine serait trois mois de prison.

Le recours est porté devant l'assemblée des juges
de paix, qui peut être comparée à nos sessions tri-
mestrielles de juges de paix, et qui prononce en dernier ressort.

Les grands procès civils se plaident d'abord devant
la *circuit-court*, qui comprend, outre les juges, un
procureur impérial, chargé de résumer devant le tribunal les faits de la cause, de donner ses conclusions,
et surtout d'indiquer et de commenter les articles du
code qui s'appliquent au point en litige. Quand il a
fini, les juges se retirent et délibèrent à huis clos.

On en appelle de ce tribunal de première instance
à la haute cour de justice, et de cette dernière au
sénat ; non pas à l'ancien sénat, mais à une chambre

spéciale qui remplit les fonctions de cour de cassation, et n'a pas à apprécier les faits, mais seulement la légalité de la procédure.

Les affaires criminelles importantes sont soumises au jury. Les jurés sont pris dans toutes les classes de la société. Les juges sont maintenant bien rétribués, et par conséquent indépendants ; l'ancien système de corruption et de péculat est devenu impossible. L'opinion universellement répandue en Russie est que la nouvelle loi produit les meilleurs effets.

Pour ma part, je témoignerais volontiers en sa faveur. J'ai eu mainte occasion d'en voir les effets, soit dans les villes, soit à la campagne. Comme dans toute réaction on est disposé à dépasser le but, les tribunaux institués d'après la nouvelle organisation dépassent souvent les bornes de la stricte justice et sont trop enclins à favoriser le pauvre dans ses démêlés avec le riche. Mais ce mal temporaire disparaîtra à mesure que les changements qui l'ont amené perdront de leur nouveauté.

Du reste, le nouvel état de choses a moins d'inconvénients que l'ancien, à propos duquel un publiciste pouvait écrire : « La justice est le département qui exige le plus impérieusement des réformes. Nulle part on ne peut dire avec plus de vérité qu'en Russie

« qu'il y a une loi pour le pauvre et une autre
« pour le riche. »

J'ai connu le temps où un officier supérieur donnait littéralement des ordres aux tribunaux. A présent, il n'est pas plus que son voisin, et devant le
juge de paix le moujik est l'égal du monsieur.

Sous l'ancien régime, les longueurs interminables
de la procédure, aussi bien en matière criminelle
qu'en matière civile, étaient proverbiales. Maintenant,
les décisions sont si promptes que les paysans en restent stupéfaits. J'eus récemment occasion de poursuivre un moujik qui avait volé des échalas. Il fut
déclaré coupable et condamné à trois mois de prison.
Le lendemain du jugement, sa femme vint me trouver
et me demanda combien je lui allouerais par semaine
durant l'emprisonnement de son mari. Étonné, je lui
dis : « Vous croyez donc qu'il ne le méritait pas?
— Si fait, répondit-elle; il a certainement volé les
échalas; mais la chose a été si vite décidée, que mon
mari n'a pas eu le temps de mettre ordre à ses affaires avant d'aller en prison. »

Si jamais cette anecdote tombe sous les yeux du
ministre de la justice, elle lui en apprendra plus que
des volumes sur la supériorité de la nouvelle loi comparée à l'ancienne.

Les bons avocats manquent en Russie; cela vient de ce que, jusqu'en 1862, le premier venu était admis à plaider. Cependant les grandes villes ont renfermé de tout temps beaucoup d'avocats habiles et instruits, dont *quelques-uns* étaient d'une honnêteté scrupuleuse. J'en ai connu un à Moscou qui formait ainsi exception. Il me conseillait souvent dans des affaires difficiles et excitait mon admiration, moins encore par sa vaste capacité et sa science profonde de la loi russe, que par sa parfaite connaissance des lois des pays étrangers, en particulier de celles de l'Angleterre.

Mais dans les petites villes de province, il était difficile de trouver un bon homme de loi.

On ne distinguait pas, comme chez nous, les fonctions d'avoué des fonctions d'avocat, et aucun règlement n'empêchait l'homme le plus ignorant de se faire avoué.

Les avocats attachés aux tribunaux établis par la nouvelle loi, c'est-à-dire aux *circuit-courts* et aux cours suprêmes, sont obligés de prêter serment, et on leur accorde pour plaider des facilités qu'on refuse aux autres.

Je me souviens qu'il y a quelques mois, dans un traktir de Nijni-Novgorod, mon attention fut attirée par les discours d'un ivrogne qui se disait homme de loi ; il exhibait à la foule les papiers de son client, les procurations qu'on lui avait données, etc., et se vantait de son influence sur le tribunal. En allant aux informations, j'appris que cet homme n'était que ce dont il avait l'air : un simple moujik.

Le principe du *self-government*, qui depuis long-temps déjà est un des éléments essentiels de la société russe, vient de recevoir une application remarquable par l'institution des *assemblées de district*. Ces assemblées se recrutent par voie d'élection ; il y en a une par district, et elles réunissent les attributions de nos *vestries* à celles de nos *bureaux de travaux*. Elle sont chargées des routes, des ponts, de la répartition de l'impôt, et envoient des délégués à l'*assemblée provinciale*, qui s'occupe des affaires générales de la province, telles que la fixation des taxes, la surveillance des hôpitaux, des prisons, des médecins, etc.

Le *self-government* n'est pas une nouveauté pour le paysan russe, en théorie du moins, car jusqu'à présent les abus du pouvoir en avaient singulière-ment gêné la pratique. On s'accorde à dire que les nouveaux zemstvoes sont en voie de progrès, quoi-qu'à vrai dire ils n'aient pas produit grand'chose jusqu'à présent. Dans quelques provinces ils ont pu

4.

venir au secours du gouvernement en garantissant
une partie du capital des compagnies de chemin de
fer.

Il est de la plus complète évidence que les
mesures libérales du gouvernement ont inspiré confiance au peuple. Je puis citer à l'appui des faits signi-
ficatifs.

Il y a quelques années, le paysan cachait ses éco-
nomies et se défiait des fonds publics.

Maintenant, l'argent accumulé depuis si longtemps
rentre dans la circulation, et les placements des campagnards ont déjà exercé une influence notable sur le
cours des valeurs de l'État.

Les bons qui avaient été émis par la couronne,
sous le nom de *certificats de rachat*, pour indemniser
les propriétaires d'esclaves, se vendirent bientôt à 60
pour 100 du taux d'émission; ils sont maintenant à
près de 90, et cette hausse considérable est due aux
nombreux achats des serfs émancipés.

Grâce aux facilités de transport offertes par les
chemins de fer, les produits du sol ont haussé de
prix. Le petit fermier (et sous le régime communal
tout paysan russe est un petit fermier) s'aperçoit que
son blé se vend plus cher à un marché éloigné que
dans le village d'à côté. Cette découverte lui fait venir

des idées de commerce ; il s'associe à son voisin, et souvent le succès dépasse ses rêves les plus ambitieux. Je connais beaucoup de paysans qui appartenaient autrefois à la classe la plus infime, et qui sont maintenant à la tête de maisons de commerce importantes. Il est cependant une chose que tous les Russes ignorent encore et dont ils n'apprendront à connaître l'importance que par l'usage des chemins de fer : c'est le prix du temps. J'allais un jour de Nijni-Novgorod à Moscou. Le train était de deux heures en retard ; j'en fis la remarque à un autre voyageur, qui parut fort surpris de mon observation. Il resta un instant muet d'étonnement, puis me dit :

« Qu'est-ce que cela peut nous faire d'arriver à Moscou demain plutôt qu'aujourd'hui ? »

En général, l'industrie et le commerce se développent et prospèrent sous le nouveau régime ; le peuple gagne en intelligence et s'ouvre à des idées nouvelles ; les journaux sont plus nombreux et plus répandus qu'autrefois. On entend parler politique et discuter librement les actes du gouvernement ; les masses se préoccupent de défendre leurs intérêts ; enfin, le découragement et l'apathie qui caractérisaient le Russe il y a peu d'années, disparaissent rapidement.

Il est instructif d'observer les progrès du budget. En dépit de la somme énorme — environ 300 millions — absorbée par les intérêts de la dette, et en ne tenant pas compte des recettes et des dépenses extraordinaires, le déficit diminue chaque année.

Si la Russie reste en paix quelque temps, elle prendra certainement un développement extraordinaire.

Ce pays, si bien doué par la nature, renferme d'incalculables richesses minérales; il peut produire des quantités presque illimitées de grain, et dispose d'immenses pâturages; il n'a besoin, pour achever de s'épanouir sous son gouvernement libéral, que des bienfaits de la paix. Il est difficile de prévoir les destinées futures de ce puissant empire. Grâce aux ressources que je viens d'énumérer et à l'indépendance qu'elle acquiert vis-à-vis des autres pays par le développement de sa propre industrie, la Russie marche en avant d'un pas ferme et rapide. Ceux-là seuls qui l'ont beaucoup parcourue se font une idée de ce qu'elle accomplit. Elle possède de nombreuses fabriques de rails et de wagons; des usines se fondent pour la construction des machines, et le jour n'est pas loin où les chemins de fer seront desservis par des locomotives faites en Russie par des Russes.

Le gouvernement favorise tant qu'il peut les manufactures. Les entraves qui gênaient autrefois le fabricant et arrêtaient l'essor de l'industrie diminuent tous les jours, et elles auront bientôt complétement disparu.

La couronne, qui était le plus grand producteur de l'empire (particulièrement pour les métaux), cède ses établissements à des particuliers qui en tirent un meilleur parti ; on se conforme partout au principe que le pouvoir doit gouverner et non trafiquer.

Un vaste champ est ouvert à l'activité des ouvriers et des industriels des autres pays. Jadis un étranger qui fondait un établissement en Russie courait toujours un certain risque ; il était vu avec défaveur, soumis à des conditions onéreuses et en butte aux injustices criantes et perpétuelles de l'administration.

Maintenant, au contraire, ses droits et sa liberté sont aussi bien garantis que dans son propre pays; on le protége, on le favorise, on l'encourage à donner l'exemple d'une initiative intelligente ; les gens du pays ne tardent pas à l'imiter quand ils voient de l'argent à gagner. J'ai connu beaucoup d'étrangers établis en Russie, surtout des Anglais et des Allemands, qui, arrivés comme simples ouvriers ou tout au plus comme contre-maîtres, se sont fait une position indépendante. Beaucoup même ont gagné de grosses fortunes et fondé pour leur compte d'énormes entreprises.

Un Anglais établi à Tumen me disait l'autre jour : « Je viens d'aller revoir mon pays, mais j'aime mieux celui-ci. Il y a sept ans, j'étais contre-maître à Glasgow. On me fit des offres pour la Russie. Je voulais parvenir, j'acceptai. Cela ne m'a pas mal réussi. Je viens de quitter ma place avec 15,000 roubles à moi, et je vais construire des bateaux à vapeur pour les rivières de la Sibérie. »

A Glasgow, cet homme aurait mis longtemps à amasser 50,000 fr. en qualité de contre-maître.

Le succès croissant des compagnies d'assurances contre l'incendie montre combien le peuple des campagnes a gagné en intelligence et en bon sens. L'assurance contre l'incendie est entrée dans les mœurs, ainsi qu'il est facile de s'en convaincre; passez dans les hameaux les plus écartés, devant les habitations les plus isolées, vous ne verrez guère de maison qui ne porte la plaque d'une compagnie. Autrefois, le peuple nourrissait un préjugé religieux contre l'assurance; s'assurer, c'était, selon lui, témoigner de la défiance envers la Providence.

Quand le feu prenait dans un village, les habitants

emportaient d'abord les images des saints, puis leur pauvre mobilier, enlevaient les fenêtres des maisons et laissaient brûler le reste. Ils restaient les mains jointes à contempler le désastre, en répétant : « C'est la volonté de Dieu. » Je l'ai vu plus d'une fois de mes yeux. Un jour qu'un grand incendie avait éclaté à côté d'un lac, je trouvai le pope qui regardait tranquillement, entouré de toute la population de l'endroit. Je lui demandai pourquoi il n'essayait pas d'éteindre le feu : « Ce serait inutile, me répondit-il ; c'est la volonté de Dieu. — Eh bien, lui dis-je, je vais essayer. » Effectivement, je me mis à la tête des habitants, et nous nous rendîmes maîtres du feu avant qu'il eût causé de grands dégâts. Le lendemain matin, je rencontrai de nouveau mon pope : « Vous voyez bien que nous avons réussi à éteindre le feu hier soir.

— Oh ! non, pas vous ; c'était la volonté de Dieu ! »

CHAPITRE III.

LES RUSSES.

Avant l'émancipation, il n'existait en Russie que deux classes, la noblesse et les serfs. Nous mettons à part les étrangers, fort nombreux dans les grandes villes. « En étudiant la société russe, dit l'évêque James dans son *Récit de voyage*, écrit en 1813, nous voyons qu'elle ne comprend que deux classes réellement distinctes : les nobles et les esclaves. » Les choses ont changé, et nous pouvons diviser la population en cinq classes au moins :

1° La haute noblesse ;

2° Les propriétaires ou la petite noblesse ;

3° Les négociants, qui, pour imiter l'aristocratie, ont adopté les mœurs françaises et se sont pour ainsi dire *dérussianisés* ;

4° Les marchands et boutiquiers restés fidèles aux mœurs de leurs ancêtres ;

5° Les paysans.

La haute aristocratie est une race usée et inutile. Quoique les grands seigneurs reçoivent une éducation soignée, peu d'entre eux ont une valeur réelle. Tous parlent facilement plusieurs langues; ils saluent avec une grâce qui ferait honneur à un maître de danse; ils ont de bonnes manières et parlent le jargon du beau monde; ce sont de grands connaisseurs en vins, en chevaux et en spectacles, des épicuriens en fait de table et de toilette; mais il n'y a rien de sérieux en eux; ce ne sont pas des hommes; une série de générations débauchées et frivoles a abâtardi la race. Élevés dès le berceau dans le luxe et la mollesse, ils conservent toute leur vie ces habitudes efféminées. Leurs enfants sont de vraies poupées, de ridicules petits mannequins qui, à la moindre goutte de pluie, tremblent pour leurs bottes vernies et leurs beaux habits. Quand je pense à la vie saine et fortifiante d'un écolier anglais, je suis plein de pitié pour ces pauvres petits êtres que je vois trotter dans les rues, suivis d'une gouvernante qui leur prêche perpétuellement les convenances. Les garçons ressemblent tant aux filles, qu'il n'y a rien à dire de particulier sur celles-ci, sinon qu'elles outrent tous les défauts de leurs frères.

En somme, la haute aristocratie forme une société

frivole et immorale, une sorte d'excroissance parasite du corps social. Sous l'empereur Nicolas, tous les jeunes gens étaient tenus de servir l'État à un titre quelconque; mais, maintenant, ce n'est plus obligatoire, quoique les carrières dépendant du gouvernement soient seules admises par les fils de grandes familles.

Ils entrent surtout volontiers dans la garde; leur service consiste à avoir un bel uniforme, à jouer au soldat sur les places de Saint-Pétersbourg et à s'amuser. Cette dernière occupation est la plus laborieuse.

On les rencontre en foule dans tous les lieux de plaisir; comment se passerait-on d'eux à l'opéra, au concert ou au bal?

Ces enfants gâtés de la fortune ont un côté aimable dans le caractère; il est impossible de trouver des compagnons de voyage plus charmants. Pleins de morgue avec leurs compatriotes, ils sont gracieux et empressés vis-à-vis des étrangers; ils sont aussi, jusqu'à un certain point, bien informés, c'est-à-dire qu'ils sont au courant des petites choses, qui, pour eux, constituent la grande affaire de la vie. Les événements du Jockey-club et de l'opéra sont seuls dignes d'intérêt à leurs yeux. Presque tous sont d'excellents joueurs ; mais ne leur demandez pas de vous renseigner sur les antiquités de leur pays, sur son histoire, ses colonies, ses ressources intérieures. Ils seraient aussi embarrassés de vous répondre que le fut un jour un postillon que j'interrogeais au sujet d'un ouvrage en terre construit anciennement par les Tartares près de Kosloff. Cet homme passait tous les jours devant, et ses ancêtres y avaient probablement travaillé sous le knout. Il s'agissait d'un long parapet fort bas, précédé d'un fossé, et aussi évidemment fait de main d'homme que s'il eût été de briques. Cependant mon postillon ne sut me dire autre chose sinon que « c'est une petite colline ».

Les plus intelligents des grands seigneurs comprennent les défauts d'un système d'éducation qui aboutit à former de beaux danseurs et de brillants courtisans. Du reste, ils ont reçu de sages conseils d'un haut dignitaire, homme instruit, qui inspectait, il y a deux ou trois ans, l'université de Kertch : « Messieurs, leur dit-il, tâchez d'élever vos fils comme des hommes. Je reconnais que la génération actuelle est intelligente, du moins à la surface. Les jeunes gens sont bien élevés, ils font bonne figure dans un salon, parlent couramment le français et les autres langues vivantes. Mais au fond ils ne savent absolument rien. Causez avec eux, et vous verrez que la majorité manque d'éducation, dans le sens où les nations civilisées entendent ce mot. Voyons, messieurs, apprenez-leur le latin, le grec, l'histoire; faites-en des hommes. »

L'avis fut suivi, et, sur les représentations du même dignitaire, l'empereur trancha la question en faveur de l'éducation classique, malgré l'opposition de presque tout son conseil.

Dans quelques familles où on accorde une moins grande importance aux devoirs sociaux, le système d'éducation tombe dans un excès contraire. Vous voyez alors des pédants de dix ans, penchés sur leurs livres depuis le matin jusqu'au soir, au grand préjudice de leur santé et du développement de leur intelligence. Garçons et filles sont lancés dans le monde fort jeunes, et à partir de la date mémorable où ils y font leur entrée, la société les absorbe entièrement, au détriment de toute occupation sérieuse.

Il existe à Saint-Pétersbourg quelques sociétés savantes, mais peu de membres de l'aristocratie en font partie.

Dans toute ville de province, vous trouvez une foule de gens qui prétendent, à tort ou à raison, appartenir à la noblesse. Ces prétentions ridicules sont encore plus communes qu'en Allemagne. Jadis, tout propriétaire de terres était *noble;* ses descendants sont restés et resteront nobles.

Il en résulte qu'une foule d'hommes placés sur les derniers échelons de l'échelle sociale se parent de ce titre, qui en outre appartient de droit à tout tchinovnik ou employé du gouvernement. Certains grades universitaires confèrent aussi la noblesse.

Les tchinovniks, élevés dans le gymnase ou école publique de leur district, ne se distinguent ni par l'intelligence ni par l'instruction. Il est rare qu'ils sachent d'autre langue que le russe; leur science se borne aux quelques éléments indispensables à l'exercice de leur profession et à un certain nombre de jeux de cartes. Ils mangent énormément, dorment profondément et presque perpétuellement, et consacrent les rares moments où ils sont éveillés, au jeu ou au théâtre de l'endroit.

Ils forment — et surtout ils formaient — une coterie orgueilleuse; ils dédaignent la société des commerçants, qui sont rigoureusement exclus des cercles de la noblesse. Les femmes, n'ayant pas la ressource du cercle ou d'un emploi même nominal, mènent une vie encore plus oisive, s'il est possible, et plus désœuvrée que leurs maris. Elles ne font à la

lettre que manger, dormir et médire. J'ai pénétré
souvent dans leur intérieur et ne leur ai, pour ainsi
dire, jamais vu un livre entre les mains; une biblio-
thèque est un objet d'étonnement pour elles.

Que le lecteur veuille bien se souvenir du rôle
prépondérant que les langues vivantes jouent dans
l'éducation russe; qu'il considère que les tchinovniks
abondent dans toutes les villes de province, où, par
le fait, ils représentent officiellement le gouvernement, et il verra, par l'anecdote suivante, que je n'ai
pas exagéré leur manque d'éducation.

Un de mes amis fut arrêté en se rendant chez moi
par une rivière qui se trouva prise; la glace n'étant
pas assez forte pour supporter le poids d'un homme,
mon ami dut attendre, pour tenter le passage, les
effets d'un autre jour de froid. Il ne savait pas un
mot de russe et avait absolument besoin d'un interprète. On en chercha inutilement un par toute la ville ;
après d'infructueux efforts, on finit par découvrir
une institutrice française, mais pas un des tchinovniks ni de leurs enfants ne comprenait le français,
l'allemand ou l'anglais.

Je connais parfaitement la ville en question. Sur
quinze mille habitants, il y en a tout au plus quatre
parlant français.

Pour terminer ces observations sur l'aristocratie russe, je citerai l'opinion d'un des plus savants professeurs de Moscou : « Le grand seigneur russe, me disait-il un jour, est un Français vicieux greffé sur un barbare. » — Ce jugement est trop sévère, si on l'applique à toute la classe aristocratique, qui renferme un grand nombre d'hommes intelligents et distingués, et si je rapporte cette parole d'un homme respecté par toute la haute noblesse, c'est pour montrer que l'opinion que j'ai exprimée plus haut n'a rien d'exagéré. Prise en masse, l'aristocratie mérite tout le mal que j'en ai dit, et il est évident que je ne puis tenir compte que de l'ensemble, sans m'arrêter aux exceptions individuelles.

La noblesse russe a eu entre les mains, pendant plusieurs siècles, le bonheur et le bien-être de millions d'hommes. Rendue indépendante par son isolement, disposant d'un pouvoir absolu sur des serfs ignorants, elle pouvait tout pour eux. Il suffit de traverser la Russie pour voir qu'elle a failli à sa tâche. Elle a maintenant perdu son empire ; nous ne sommes plus au temps où le hasard de la naissance faisait de chaque fils de noble un roitelet.

Que voyons-nous à mesure que la lumière se fait ? Une race abâtardie et efféminée, qui marche à grands

pas vers sa ruine. Quant au peuple qui lui était
confié et qu'elle a si longtemps opprimé et foulé aux
pieds, dix années de liberté lui ont suffi pour montrer à l'univers ce qu'il serait devenu sous des
maîtres humains et éclairés.

Chacun se représente un *commerçant moscovite*
sous les traits d'un homme barbu, vêtu d'un long
et disgracieux caftan de drap grossier, coiffé d'un
bonnet noir et chaussé de grandes bottes montant
jusqu'aux genoux. Combien tout cela est changé ! De
nos jours, le négociant se présente à la Bourse, rasé
de frais, habillé à la dernière mode ; il est habile et
hardi en affaires, vit largement et comprend l'importance d'être *bien posé*. Il flatte et cultive *le monde ;*
mais *le monde* n'est pas pour lui le but, comme pour
ses frères d'Occident ; c'est le moyen d'arriver au
but, qui est la fortune ; en quoi il diffère du Français,
dont il copie les manières, et de l'Anglais, dont il
admire l'habileté commerciale. Il est pénétré de cette
maxime, que passer pour riche conduit sûrement à le
devenir. Son mobilier somptueux, ses fêtes splen-
dides, ses chevaux de prix, les bijoux qui couvrent
sa femme, sont autant de réclames ; pour son compte
personnel, il n'en jouit pas. S'il dépense de l'argent à
traiter magnifiquement ses clients, c'est une *affaire*,

et il retourne avec joie à ses habitudes rustiques, dès qu'il n'a plus d'intérêt à jeter de la poudre aux yeux. On se demande, en les voyant, quel besoin ces hommes ont d'argent.

Un jour, dans une ville de province, le corps des marchands donna un dîner en mon honneur. Je passai la nuit chez un de ces messieurs, vieillard fort riche. Suivant l'usage russe, il me montra toute sa maison et me fit admirer son coûteux mobilier. Ce n'étaient que tableaux, meubles de prix, pendules, tapis; l'argent et l'or reluisaient partout. Je dus me confondre en compliments. Enfin il m'introduisit dans sa chambre à coucher, ornée d'un lit magnifique, et me posa la question de rigueur : « Comment trouvez-vous cela? » Je m'exclamai... c'était superbe (en effet, le lit était recouvert de soie bleue et de dentelle blanche). « Cela coûte cher, dit-il en clignant de l'œil comme les Russes seuls savent le faire; mais je ne couche pas *sur* ce lit; je couche *dessous!* »

Les enfants de ces marchands enrichis se trouvent dans une fausse position qui offre de grands dangers. Le père manque d'éducation première, et il a fait sa fortune trop tard pour se polir au contact du luxe. Il y a un abîme entre lui et ses enfants, qui sont nés « dans la pourpre ». Aussi n'éprouvent-ils réci-

5.

proquement aucun plaisir à être ensemble. Les habitudes et les instincts du père choquent le fils, et ceux
du fils scandalisent le père.

L'éducation des enfants est entièrement abandonnée
à des précepteurs et à des gouvernantes qui prennent trop souvent plaisir à développer chez leurs
élèves les tendances frivoles et à étouffer en eux les
bons instincts. Depuis quelques années, il est cependant assez d'usage chez les commerçants d'envoyer
leurs enfants à l'étranger. Ils reviennent chez eux
plus éclairés que leurs parents, mais beaucoup moins
aptes à amasser de l'argent.

Le marchand resté fidèle aux vieilles traditions
et aux mœurs de ses ancêtres fait moins grande
figure, mais il est plus heureux au fond que son ambitieux confrère. Il n'a pas sacrifié le bonheur domestique ; il a un intérieur simple, une femme et
des enfants élevés comme il l'a été, partageant ses
goûts et ses préjugés, et imbus comme lui de la
passion de thésauriser.

Beaucoup de ces marchands de l'ancienne roche
sont possesseurs de grosses fortunes laborieusement
amassées, copeck à copeck, par toute une vie de travail et de privations. Étant donné l'amour de l'argent qui caractérise le Russe, il est vraiment digne

de remarque qu'ils aient pu vaincre le goût naturel de leur race pour le jeu. Ils ne touchent guère aux cartes et ne font pas de spéculations hasardées. Ils se contentent de suivre les traces de leurs ancêtres, redoublant d'industrie quand les temps sont propices, et d'économie quand ils sont mauvais. Ce sont de braves gens, pieux, se conformant à toutes les prescriptions de l'Église et observant rigoureusement les fêtes et les jeûnes. Ils offrent sous ce rapport, ainsi que sous plusieurs autres, de frappantes analogies avec les juifs. Il reste à savoir s'ils pourront se plier aux changements et aux innovations que la marche de la civilisation introduit en Russie. Au cas contraire, ils seront fatalement dépassés et supplantés par des concurrents étrangers lancés dans le « mouvement ».

Le portrait du moujik ou paysan ne peut se faire en peu de mots ; mais ce qui s'applique à l'un s'applique également à ceux de presque toute la Russie. Pour ma part, je l'ai étudié dans cette partie de l'empire qui s'étend de Saint-Pétersbourg à la Sibérie et de Saint-Pétersbourg à Kief, et partout, jusque dans les déserts glacés du nord de l'Asie, je l'ai trouvé le même. Il est de mode, parmi ceux qui ont intérêt à maintenir le paysan dans un état d'abaissement, de

le représenter comme un rustre dénué d'instruction
et incapable d'en recevoir. On prend avec lui un ton
de condescendance méprisant et on lui parle comme
à un enfant ou à un animal supérieur. Enfin, on se
complaît à développer son plus grand vice, qui est
la passion de l'alcool. C'est là, sans nul doute, un
amusement délicat et aristocratique tout à fait digne du temps où le pauvre moujik dépendait entièrement du bon plaisir du maître, sans aucun
espoir d'obtenir son affranchissement ou d'amasser quelque aisance. Mais l'ère de la liberté a
lui; bientôt l'ancien esclave luttera à armes égales
contre celui dont il était la chose, et, ou je me
trompe fort, ou il prouvera combien il lui est supérieur.

Les nobles et les paysans mettent en action la
vieille fable des deux chiens de berger qui habitent
tour à tour la ville et la campagne; ils s'endurcissent
par un régime sobre et un travail rude, s'amollissent
au contraire dans l'oisiveté et l'abondance; le loup
survient, et c'est le chien, qui a mené en dernier
lieu une vie laborieuse, qui le prend à la gorge et
l'étrangle.

On accuse le paysan de manquer d'instruction;
on a raison, et cela devrait faire honte à ceux dont

il a été si longtemps la propriété. Il est profondément ignorant.

Il est rare de trouver dans un village d'un district agricole un paysan sachant lire et écrire couramment. Je crois ne pas aller trop loin en affirmant que parmi les cultivateurs de la Russie centrale, il n'y en a pas un sur cent sachant signer.

Dans les zavods ou villages groupés autour d'un centre industriel, dans l'Oural et dans différentes parties de la Sibérie, la proportion est plus forte ; mais le paysan russe a une répugnance extrême à avouer qu'il sait écrire.

J'ai eu souvent occasion de faire des marchés avec les habitants d'un village pour une entreprise quelconque ou pour des fournitures. Quand nous étions d'accord sur les conditions et que le traité était rédigé, je demandais que quelqu'un signât pour la communauté. Personne ne bougeait jusqu'au moment où, m'étant fait désigner un homme sachant écrire, je l'interpellais directement. Alors, poussé par ses compagnons, il s'avançait à contre-cœur, distribuait des poignées de main à la ronde — ce qui signifiait qu'il recevait les pouvoirs de chacun, — puis s'approchait de la table et prenait la plume. Il semblait qu'elle lui brûlât les doigts ; toutes ses facultés étaient absorbées dans cette grande opération. Avec le temps, il écrivait son nom. J'ai lu quelque part que le moujik est une sorte d'animal insouciant et paresseux qui ne sent nullement l'utilité de l'instruction. Cela est faux. Il en sent le besoin et la réclame à grands cris.

Je reconnais que ceux qui savent lire et écrire le dissimulent avec un soin étrange. Cela vient de ce qu'ils savent leurs compagnons jaloux d'une supériorité dont ils pourraient se faire des armes.

Chaque fois que des tentatives isolées ont été faites pour remédier à l'ignorance effrayante du peuple, les écoles ont été confiées à des prêtres de la dernière classe. Je montrerai dans un autre chapitre que ces hommes sont eux-mêmes sans éducation, et impropres, sous tous les rapports, à former des instituteurs : aussi les écoles qu'ils dirigent sont-elles la plupart du temps fermées. J'ai voulu faire moi-même une expérience dans un village. Je fondai une école; je pris pour maîtres deux prêtres de la première classe, et je ne tardai pas à avoir soixante-dix élèves très-assidus, et se rendant parfaitement compte des avantages qu'ils retireraient de l'instruction. Par exemple, je gardai l'école sous ma surveillance immédiate.

L'indifférence du propriétaire, son éloignement de

ses domaines, voilà les vraies causes de l'ignorance du peuple. Jadis le possesseur d'une terre grande comme une province se gardait de la visiter ; il la laissait à la merci d'un agent dont les fonctions se bornaient à toucher les revenus et qui ne voyait rien au delà. Il arrivait trop souvent que cet homme était méchant ou malhonnête, et alors les paysans qui dépendaient de lui souffraient cruellement.

Ces agents amassaient ordinairement de grosses fortunes par un système d'injustices et d'extorsions qui n'était possible que grâce à l'ignorance des campagnards. Ceux-ci tremblaient devant les intendants. Il est pénible de voir des hommes que la présence d'un supérieur trouble au point de les priver de leurs facultés, et qui sont épouvantés quand on leur adresse la parole.

Un ouvrier barbu me servait un jour de guide.

« Ivan, lui dis-je, combien avez-vous d'enfants ?

— Excellence, dit Ivan, il faut le demander à ma femme ; je n'en sais rien.

— Comment vous appelez-vous ?

— Ivan.

— Oui ; mais votre autre nom ?

— Je n'en ai pas, du moins je ne le connais pas. »

Une autre fois, on m'envoya en toute hâte un

messager d'un village éloigné, pour me prévenir qu'un incendie avait éclaté.

« Eh bien, Ivan, est-ce un grand incendie ?

— Oui, Excellence, un grand incendie.

— Est-ce un petit incendie, Ivan ?

— Oui, Excellence, un petit incendie.

— Est-ce qu'il fait beaucoup de vent ?

— Beaucoup.

— Est-ce que le temps est très-calme ?

— Très-calme. »

Et ainsi de suite.

Cet homme était loin d'être idiot ; je le connaissais pour un excellent charbonnier.

Les vrais paysans russes sont d'une politesse exquise et se saluent les uns les autres avec une grâce qui ferait honneur à un gentleman. (Il se peut que les changements continuels d'attitude imposés par les cérémonies de leur culte leur aient enseigné ces gestes d'une extrême courtoisie.) Pour les voir avec tous leurs avantages, il faut être, comme cela m'est arrivé plus d'une fois, l'hôte de quelque village écarté situé loin de toute route fréquentée, un de ces villages où on connaît à peine une seule ville de nom. Tandis que j'attendais, quelquefois une journée entière, l'heure d'aller chasser l'ours dans la forêt,

les membres de la communauté (le conseil muni-
cipal de l'endroit), instruits de ma présence et ayant
quelque faveur à demander ou quelque affaire de
charbon à traiter, venaient me trouver. — Nous nous
asseyions tous en cercle autour de la chambre, puis
l'orateur de la troupe se levait et faisait connaître
les vœux de sa communauté. Remarquez l'attitude
calme et sérieuse de cet homme, la déférence avec
laquelle il s'incline en se levant, la facilité avec laquelle il s'exprime ; admirez la manière claire et
précise dont il pose la question et l'adresse avec laquelle il conclut ; et quand il se sera rassis avec un
nouveau salut non moins civil que le premier, vous
demanderez qui peut se permettre de dépeindre cet
homme comme un sauvage ignorant et grossier, incapable de culture intellectuelle et morale, frère enfin
de Caliban et d'Orson. — S'il ne sait rien, ce n'est
point de sa faute ; le reproche retombe en plein sur
ses détracteurs. Mais si sa tournure, ses manières et
son humeur sont celles d'un sauvage, je demande à
n'avoir jamais que des sauvages pour ouvriers.

Les moujiks ont sur la justice des idées arrêtées,
d'après lesquelles ils apprécient la manière dont on
les traite. L'historiette suivante en fait foi.

Les domaines que je dirigeais avaient été adminis-

trés avant moi à l'ancienne mode, et les gens placés
sous mon autorité avaient la manie de m'accabler à
tout propos de placets, soit pour se plaindre d'un
grief réel ou imaginaire, soit pour solliciter quelque
faveur. La plupart du temps, ces pétitions étaient
absurdes et même ridicules; cependant je me faisais
un cas de conscience de les lire toutes, de crainte de
laisser passer par hasard quelque réclamation fondée.

En répondant à un de ces factums, mon secrétaire
écrivit au pétitionnaire d'aller au diable. Les paysans
étaient très-accoutumés à cette formule. Quelques
jours après, je rencontrai en sortant l'homme au
placet.

« Ah ! bârine, me dit-il (bârine était autrefois le
titre donné par le serf à son maître), vous m'avez
envoyé au diable. C'est bon; cela m'est égal; vous
devez avoir raison; j'irai probablement au diable un
jour ou l'autre. Mais voyez-vous, ce qui nous plaît,
c'est que *vous* vous lisez nos pétitions et ne nous
envoyez au diable qu'après. Dans le vieux temps,
quand nous apportions une pétition, on nous envoyait
au diable sans la lire. Voilà ce que nous n'aimions
pas; ce n'était pas juste. »

Mieux vaudrait pour le peuple être un peu moins
frugal; souvent il lui suffit de travailler deux ou trois

jours pour vivre les bras croisés le reste de la semaine. Sa nourriture se compose principalement de pain noir et de soupe aux choux, et sa boisson est le kvass (le kvass se fabrique avec du pain noir fermenté dans de l'eau). Chacun confectionne ses vêtements chez soi.

Chaque famille possède une maison, une parcelle du terrain communal — généralement une dizaine d'acres, — une vache, un cheval et un ou deux moutons. Tout cela constitue une ferme, petite à la vérité, mais complète et suffisante pour faire vivre une famille. J'ai constaté souvent que les Russes étaient les meilleurs ouvriers qu'on pût trouver. Je ne prétends pas soutenir qu'un Russe ait la même capacité de travail qu'un Anglais, mais il a le don de l'imitation. Donnez-lui un modèle quelconque, et il le reproduira exactement, qu'il s'agisse d'un cadenas ou d'une montre. Il est surtout excellent charpentier. On dit communément qu'un moujik vient au monde sa hache à la main; il est certain qu'il s'en sert à merveille; souvent il construit sa maison et la meuble entièrement, sans le secours d'aucun autre outil.

Le plus grand vice du paysan est sa passion pour le vodka. Sous ce rapport, tous se valent : le membre le plus respectable de la communauté est le vaurien.

Ce n'est pas que le moujik passe sa vie à boire ; il ne boit même pas tous les jours ni toutes les semaines ; mais dans les grandes occasions, par exemple les jours de fête, ou bien lorsqu'il se trouve avoir de l'argent en poche, il se met de propos délibéré à avaler du vodka, le plus et le plus vite qu'il peut. Ce n'est pas pour le plaisir de causer, il ne se donne pas le loisir de jouir de l'excitation d'un commencement d'ivresse ; il avale silencieusement, et sans se donner le temps de respirer, verre sur verre d'alcool ; vers le cinquième, il est complétement ivre ; alors il s'asseoit sur un des grossiers bancs de bois dont sont pourvus les *kabaks*, met les coudes sur la table, la tête entre ses mains, et reste là tant que le maître de l'établissement le lui permet — c'est-à-dire un temps plus ou moins long, selon que le consommateur est une bonne pratique ou que la place manque pour d'autres chalands. Quand le propriétaire du kabak crie qu'il est « temps », le garçon conduit notre ivrogne jusqu'à la porte et le pousse doucement dehors, de peur qu'il ne tombe sur le seuil même. Au contact de l'air froid, il s'abat lourdement sur le sol et dort dans la rue jusqu'à ce que la police, si la scène se passe dans une ville, ou ses amis, si c'est à la campagne, viennent le ramasser et l'emporter.

Ivre ou non, le moujik n'est jamais batailleur. Je
ne me souviens pas d'avoir été témoin d'une seule
rixe sérieuse pendant mon long séjour en Russie.

Ils sont tous enragés menteurs, mais leurs men-
songes sont innocents et proviennent plus de l'habitude que du désir de nuire. Il semble qu'il soit dans
leur nature de ne jamais dire l'exacte vérité et qu'ils
prennent plaisir à inventer des menteries ingénieuses.
L'indépendance que leur assure le nouveau régime
fera disparaître cette habitude vicieuse, conséquence
inévitable d'une longue oppression, en accoutumant
le paysan à se respecter lui-même. Les moujiks mentent sans mauvaise intention et, généralement, presque sans motif. Ils sont très-forts pour inventer de ces
petites combinaisons que les voleurs anglais appellent
dans leur argot des « *plants* », et quand ils ont des
affaires fâcheuses sur les bras il n'est pas de biais
auquel ils n'aient recours pour se tirer d'embarras.

Je surpris un matin des gens occupés à voler du
bois et du fer sur mon domaine. Je fis séquestrer les
voitures et les chevaux, que j'ordonnai de détenir
jusqu'à ce que les coupables eussent payé une amende
de 25 roubles par tête. Le lendemain, ces coquins
tinrent conseil et convinrent d'une petite comédie
destinée à m'attendrir : « Dès que tu le verras, dit

l'un, tu te jetteras à genoux, et tu crieras tant que tu pourras, en protestant que tu ne possèdes pas un copeck. De mon côté, je jurerai que ma femme meurt de faim. Tu verras que si nous nous y prenons bien, il nous croira, et que nous en serons quittes à bon marché. » Malheureusement pour eux, je les avais entendus faire leur complot; de sorte qu'ils eurent beau faire, mon cœur resta de roche. Ils n'en continuèrent pas moins leur comédie jusqu'à ce que je perdisse patience.

Alors, voyant qu'ils n'obtenaient rien, l'un d'eux tira paisiblement de sa poche une bourse pleine et compta les 50 roubles sur la table en disant :

« Puisque vous ne voulez pas nous faire remise, il faut bien que nous payions.

— Ivan, lui dis-je, une autre fois, quand vous voudrez m'en faire accroire, tâchez que je ne sois pas prévenu à l'avance. »

Il se mit à rire et dit à son ami, en lui donnant un grand coup de coude dans l'estomac : « Tu vois, Maxime, le bârine sait tout ce que nous faisons. »

Ni l'un ni l'autre ne se déconcerta en se voyant convaincu de mensonge.

Ce jour-là, j'avais été juge dans ma propre cause. Quelque temps après, je fus très-proprement joué par

un paysan qui s'était entendu avec l'officier de police devant lequel je l'avais cité. Je suivais un soir
une grande route qui traversait un de nos bois, quand
tout à coup j'entendis des cris, un bruit de lutte et de
branches cassées. Je courus dans la direction du son,
et je trouvai un de mes principaux gardes forestiers
— un brave homme en qui l'on pouvait avoir toute
confiance — aux prises avec un paysan qu'il avait
saisi au collet. A côté d'eux était le corps du délit : la
charrette du paysan, chargée de fonte qu'il avait volée
aux ateliers. A nous deux nous nous assurâmes du
moujik, que nous conduisîmes devant une sorte de
coroner, un juge chargé de faire les enquêtes prépa-
ratoires dans les affaires criminelles. Après nous
avoir écoutés, le coroner demanda au prisonnier ce
qu'il avait à alléguer pour sa défense : « O monsieur ! dit Vassily, je n'ai rien fait de mal. Je traversais le bois avec ma charrette vide ; voilà que tout à
coup le garde forestier m'appelle : « Holà ! Vassily Vas-
« silévitch ! viens ici ; j'ai trouvé un tas de fonte sous un
« arbre ; prête-moi ta charrette pour la porter à l'ate-
« lier. » Moi j'y vais, car j'ai toujours fait tout ce que
j'ai pu pour être utile à l'usine. Je fais entrer ma
charrette dans le bois et je me mets à charger la
fonte. Mais dès que c'est fait — vous aurez peine à

le croire, Excellence, — le garde forestier me prend au collet et m'appelle voleur; le bârine arrive là-dessus, et à eux deux ils m'emmènent de force. »

L'honnête et intelligent fonctionnaire se déclara satisfait de cette explication; le paysan fut mis en liberté, et mon garde forestier et moi nous revînmes au logis l'oreille basse.

Je ne fus pas fâché d'être privé peu après du voisinage de ce magistrat, qui fut compromis dans une affaire de faux billets de banque et probablement envoyé en Sibérie.

Ces anecdotes montrent le peu de respect du paysan pour le droit de propriété. Le moujik est effectivement voleur de profession, mais par ignorance. Il n'a pas l'intention de mal faire; il raisonne à la façon du sauvage qui prend ce dont il a besoin parce qu'il est incapable de comprendre la distinction du tien et du mien. En mettant les vols à part, la proportion des crimes est moins forte en Russie que dans aucun autre pays, et les coupables sont rarement des paysans. Tous les défauts et les vices du moujik appellent à grands cris le seul remède efficace : l'instruction !

Il m'est arrivé fréquemment de rencontrer des hommes qui tenaient à la main de petits morceaux de bois ou de fer, volés dans les ateliers. Ils tâchaient de ne pas être pris; mais quand ils l'étaient, ils n'en paraissaient pas honteux.

« Voyons, Ivan, pourquoi avez-vous volé ce morceau de fer?

— Je voulais fabriquer une pelle pour ma femme, et ce morceau faisait juste mon affaire. »

Quant au bois, au charbon et autres bagatelles semblables, ils disaient : « Dieu a donné le bois, la terre et l'eau pour tous les hommes. » Et il était impossible de leur démontrer qu'en se conformant à cette maxime, ils faisaient des choses malhonnêtes.

J'ai dit tout le mal que je sais du moujik, et je reviens avec plaisir à des souvenirs plus gais.

Au milieu des immenses forêts de la Russie, on trouve, disséminés à d'immenses intervalles, beaucoup de petits villages aussi paisibles qu'isolés; leurs habitants ne s'éloignent jamais du lieu de leur naissance et connaissent à peine le nom de la ville la plus voisine.

C'est là qu'on peut étudier sur le vif le caractère du paysan dans toute sa simplicité. J'allais de temps à autre à un de ces villages, lorsque je chassais l'ours ou l'élan dans les forêts environnantes.

Je descendais toujours chez le starosta; c'était un

vieillard dont la femme, encore leste et éveillée en dépit de ses soixante-dix ans, prenait le plus grand intérêt à mes conversations avec le garde forestier qui m'accompagnait dans mes parties de chasses.

Ce garde était un homme remarquable en son genre, qui, à force d'intelligence, d'industrie et de persévérance, était devenu, de simple serf, régisseur d'une forêt supérieure en étendue à plus d'une principauté allemande. En outre, il avait résolu de donner à son fils une éducation libérale et d'en faire un artiste. Secondé par des personnes qui avaient pu apprécier ses louables efforts pour élever sa famille sur l'échelle sociale, il réussit à faire admettre son enfant à l'académie de Saint-Pétersbourg... élévation prodigieuse pour un fils de serf!

Le garde forestier était volontiers questionneur; il aimait à s'instruire. Nos interminables discussions sur tout en général, et en particulier sur la politique, amusaient énormément la femme du starosta, mais ne laissaient pas de l'embarrasser un peu.

Un matin, je fumais ma pipe à côté du poêle, attendant le jour pour me mettre en quête d'un ours énorme que le fils de mon hôte avait dépisté dans les environs. Le forestier discutait avec moi la constitution anglaise. Je venais de prononcer le nom de

notre gracieuse reine lorsque la vieille nous inter-
rompit. Elle débuta par tout un exorde.

« Vous m'excuserez, dit-elle, si je ne parle pas
anglais. C'est très-drôle que je ne puisse pas parler
anglais, mais enfin je ne le peux pas. Je vous entends toujours nommer votre reine Victoria ; je
voudrais bien savoir ce qu'elle fait pour notre empereur, car naturellement elle habite Saint-Pétersbourg?

— Saint-Pétersbourg? Non, elle habite son pays,
qui est aussi le mien — l'Angleterre.

— Dans quelle partie de la Russie est l'Angleterre?

— L'Angleterre n'est pas en Russie ; c'est un autre
pays. »

Je ne pus jamais la convaincre. De sa vie elle
n'avait entendu parler de pays qui ne fussent pas la
Russie, et il était impossible de lui persuader qu'il
en existait.

Longtemps après, elle ne cessait de répéter à son
mari :

« Le bârine qui voulait me faire croire qu'il y a
d'autres pays que la Russie ! »

Un de mes amis, qui m'accompagnait à la chasse,
lui promit de lui envoyer quelque chose d'Angleterre : elle n'avait qu'à choisir.

Elle demanda un de ces mouchoirs que les paysannes russes portent sur la tête.

« Seulement, dit-elle, qu'il soit en bonne soie, et
qu'il ait des dessins de toutes les couleurs. »

Avec le temps, je lui rapportai de Londres un ban-
dana flamboyant, en l'assurant que mon ami n'avait
pas oublié sa commission. Elle admira beaucoup
l'étoffe aux couleurs vives, mais ne put jamais
comprendre d'où elle venait. Je regrette d'avoir à
ajouter une anecdote qui montrera que l'envie et
la cupidité pénètrent jusque dans ce paisible pa-
radis.

La vieille dame nourrissait au fond du cœur un
secret déplaisir : sa maison de bain n'était pas assez
belle; elle n'était même pas à l'épreuve de la pluie.
Elle résolut de s'en procurer une neuve à mes
dépens.

Une après-midi, au moment précis où le tintement
des sonnettes de mes chevaux devait annoncer mon
arrivée aux habitants du village, j'aperçus en face de
moi une lueur rougeâtre se détachant sur le ciel.
« Il y a un incendie dans le village, dis-je à mon forestier.

— Oui, répondit-il, c'est la maison de bain du starosta; tenez, voilà la vieille sorcière qui en sort.

Savez-vous ce qu'elle vient de faire? Elle a mis le feu
à sa maison de bain pour que vous la voyiez brûler;
elle va vous demander du bois pour en construire une
neuve, et il est très-probable qu'elle vous en demandera dix fois plus qu'il ne lui en faudrait. »

Effectivement, nous trouvâmes la vieille qui pleu-
rait et se tordait les mains. « Hi! hi! ma maison de
bain est brûlée! que vais-je devenir? que vais-je devenir? Il faudra donc que je vive et que je meure sale?
O bârine! donnez-moi un peu de bois pour en construire une autre. »

Je lui répondis que nous connaissions sa petite
ruse; elle finit cependant par avoir son bois, moyennant une confession complète.

J'ai dit que les paysans avaient des idées fort arrêtées sur la justice. Dans le vieux temps, une puni-
tion leur paraissait simplement un acte de violence ou
un caprice du maître; maintenant, au contraire, une
juste sévérité leur inspire du respect, et ils n'en conservent pas de rancune.

J'eus occasion de renvoyer un homme devant le
maire de son village pour une faute grave; il fut condamné à recevoir vingt coups de corde.

Il subit patiemment son châtiment et s'en retourna
chez lui. Le lendemain matin, on vint me dire que

6.

« le moujik qui avait été puni la veille demandait à me parler ».

Il n'avait pas le moins du monde l'idée de se venger ni même de se plaindre. Il s'inclina en souriant, et me dit qu'en retournant chez lui « après avoir été fouetté », il avait dépisté un ours dont il avait suivi les traces jusqu'à sa retraite; il me priait de venir le tuer.

Plus d'un se serait défié de cette gracieuse invitation à accompagner dans les solitudes d'une épaisse forêt un homme qu'on avait fait fouetter la veille; on aurait eu tort. Je m'en allai dans les bois, seul avec ce moujik, et après une longue journée de chasse nous tuâmes l'ours à nous deux.

Puisque j'ai parlé du *fouet*, quelques explications sur ce sujet ne seront pas hors de propos.

L'ignoble knout, dont le nom était autrefois inséparable de celui de Russe, n'existe plus; mais la communauté d'un village a le droit de condamner un de ses membres à recevoir vingt coups de corde au maximum, en présence du maire.

Ce n'est pas une peine très-rigoureuse; la preuve en est que le moujik dont j'ai parlé dépista son ours le soir même du jour où il avait été fouetté, et vint le lendemain à la chasse avec moi.

Je crois que si on abolissait tout d'un coup les punitions corporelles en Russie, les paysans ne comprendraient ni n'apprécieraient cette réforme; jusqu'à présent, ils sont malheureusement encore assez dégradés pour préférer la peine du fouet à l'amende. Il ne faut pas perdre de vue que le coupable est jugé par ses pairs, et que cela est tout à fait différent de l'ancien régime, sous lequel son maître avait le droit de le fouetter. Toutes les fois que les paysans sont mis en contact avec des gens plus civilisés qu'eux, ils sont très-prompts, principalement les femmes, à adopter leur costume, leurs mœurs et leurs manières. Cette particularité frappe surtout dans les villages zavods, journellement fréquentés par les étrangers (on donne le nom de zavod aux villages qui contiennent un établissement industriel, pour les distinguer des villages d'agriculteurs).

Les jours de fête, je permettais aux habitants de se promener dans notre parc, et je me souviens d'y avoir rencontré des femmes et des jeunes filles en robes de mousseline blanche et en gants de peau blancs.

Je me suis étendu ainsi sur le moujik dans le but d'en donner une idée exacte et de le montrer tel qu'il est réellement et non tel qu'on se le représente généralement. Selon moi, c'est lui qui sera appelé à développer les immenses ressources de sa patrie.

Il y a en lui l'étoffe d'un homme intelligent ; et cultivé, il ne manque ni d'ambition ni de courage. Tous
ceux qui ont vécu comme moi avec lui, tous ceux qui
ont appris à connaître ses mœurs, à être indulgents
pour ses défauts, et surtout à apprécier sa bonté et sa
charité naturelles, joindront leur voix à la mienne
pour réclamer en sa faveur l'instruction ; qu'on ap-
prenne à lire au moujik, et aussitôt il prendra la place
qui lui revient sur l'échelle sociale.

CHAPITRE IV.

VILLES ET VILLAGES.

Les villes de province se ressemblent toutes et ont, à l'exception des plus grandes, un aspect triste et misérable. Les maisons sont généralement construites en bois; les rues ne sont pas pavées et sont à peine éclairées; quand il pleut, elles se transforment en océan de boue; quand il fait beau, on est aveuglé par la poussière.

Elles ne sont commodes pour les transports de marchandises qu'au cœur de l'hiver, lorsqu'elles sont recouvertes d'un épais tapis de neige durcie.

Toute ville de province étale orgueilleusement ses *monuments;* ils se composent invariablement d'une grande baraque qui contient les administrations; d'une lourde construction en briques et en mortier, où réside le gouverneur, et de quelques grandes maisons habitées par le haut commerce et par les tchinovniks au service de l'État.

Les autres maisons d'apparence passable appartiennent à la noblesse, aux fonctionnaires d'ordre inférieur, aux petits commerçants, boutiquiers, etc. Toutes sont construites sur le même modèle.

Elles sont habituellement en bois. On pénètre d'abord dans un vestibule qui donne accès dans le salon, la plus grande pièce de la maison et la moins meublée. Quinze ou vingt chaises, deux tables à jeu, un sofa, une table ronde devant le sofa, un piano, un petit tapis sous la table ronde (le salon est parqueté), deux grands miroirs avec des cadres de noyer (le noyer est l'essence universellement adoptée par la classe moyenne), trois candélabres, composent invariablement le mobilier de cette immense pièce. Un grand portrait de saint dans un coin, une lampe à pétrole, sur la table un cendrier pour les fumeurs, en constituent les seuls ornements. De cette salle nous passons dans ce qu'en Angleterre nous appellerions le salon; il est plus petit et plus élégant que le premier, mais la composition de l'ameublement est à peu près la même, sauf qu'il n'y a pas de piano. Cette pièce conduit à l'appartement particulier du maître et de la maîtresse de la maison; si ceux-ci sont très-dévots, les yeux sont frappés, dans leur chambre à coucher, par une collection d'images de saints placées dans un angle et, pour la plupart, abondamment ornées de pierres précieuses, surtout de diamants et d'émeraudes. Nous remarquerons encore la petitesse du lit, dans lequel les heureux maîtres du logis passent la plus grande partie du jour à ronfler, et l'absence des objets de toilette les plus usuels.

En fait de propreté, les Russes n'ont que des notions très-élémentaires; ils se contentent de se plonger dans un bain bouillant le samedi soir, et de se frotter avec une serviette sèche le reste de la semaine. Aussi sont-ils stupéfaits de tout ce qu'un Anglais consomme d'eau, et un domestique russe ne peut comprendre pourquoi vous lui demandez pour votre toilette du matin autre chose que le bassin de cuivre étamé et le petit pot d'eau qu'il est habitué à porter à son maître russe. Il m'est arrivé de faire un long voyage en compagnie d'un personnage important; chaque matin son valet de chambre lui présentait une petite écuelle d'argent, accompagnée d'un pot de même métal, pouvant contenir une demi-pinte d'eau; pendant quinze jours il n'a pas eu autre chose pour se laver.

Pour revenir à notre sujet, la salle à manger a cela de particulier qu'elle ne contient, en fait de

meubles, que le strict nécessaire, savoir : une table
à manger, des chaises, un buffet et une ou deux
étagères; elle ne sert jamais en dehors des repas.
Il y a encore dans la maison d'autres chambres à coucher qu'on ne montre pas. La cuisine est ordinairement située dans la cour, et les domestiques couchent où ils peuvent. Les maisons sont bien bâties;
elles sont pourvues de murs épais et de toits solides.

La plupart des villes ont un petit théâtre, un
cercle de la noblesse, auquel fait pendant un cercle
du commerce, un ou deux hôtels, et l'indispensable
gostinoï-dvor (en français bazar), dont la physionomie
est très-orientale et où on vend de tout, depuis des
allumettes jusqu'à des diamants, bien qu'il y ait
aussi quelques boutiques isolées situées dans les rues
et indépendantes du bazar. Le nombre des églises
est extraordinaire et hors de proportion avec la population; elles sont toutes blanchies à la chaux, et
les portraits de leurs patrons, peints à l'extérieur
en couleurs vives, leur donnent un air de gaieté.

Enfin on trouve dans presque toutes les villes un
ou deux couvents, et dans toutes quelques misérables
cahutes disséminées çà et là, où habitent les butosh-
niks ou agents de police.

Le théâtre ne joue guère que quand il se rencontre des acteurs de passage ; il existe en Russie des troupes ambulantes qui font métier d'aller de ville en ville, donnant quelques représentations dans chacune. L'exécution est meilleure qu'on ne s'y attendrait. Les Russes sont tous grands amateurs de spectacles et deviennent facilement de bons acteurs.

Ils aiment la musique, et presque toutes les villes possèdent un orchestre assez passable.

Le cercle n'est guère ouvert que trois fois par semaine, excepté dans les grandes villes, où il ouvre tous les jours.

Il sert principalement à jouer ; de temps en temps on y donne des bals, soit parés, soit travestis. Les bals travestis ne méritent pas leur nom. Ce sont des espèces de *converzatione* où les dames viennent masquées et en domino ; les messieurs se contentent d'être en habit ou en uniforme, sans masque ; ils causent avec les femmes, l'orchestre joue, mais personne ne danse.

A mon avis, les bals masqués sont une sotte invention ; ils peuvent être assez amusants chez les joyeux peuples du Midi ; mais en Russie, chez des demi-barbares qui jouent leur rôle avec gravité, ils ressemblent terriblement à un enterrement.

7

Les hôtels sont en général horriblement mauvais,
sales et infestés de punaises; cependant ils commencent à s'améliorer, et dans certaines villes comme
Nijni-Novgorod et Kazan, ils sont bien tenus et confortables. On y fait la cuisine à la française, et les lits,
y sont propres.

Cependant il serait téméraire de s'arrêter pour
coucher dans une ville de province ordinaire, si on
n'a pas avec soi sa literie. Un Russe de la société ne
circule jamais sans emporter ses matelas et ses couvertures.

Il y a deux ans, je voyageais dans les provinces du
sud, et après une nuit passée en voiture je me ré-
jouissais d'arriver à Tambov vers cinq heures du
matin et de pouvoir prendre quelques heures de
repos à l'hôtel.

Un seigneur, l'un des plus riches propriétaires de
la province, qui m'avait dépassé sur la route, s'était
obligeamment chargé de me faire préparer une
chambre. Nous arrivâmes à la porte de l'hôtel, au-
dessus de laquelle était écrit en grosses lettres : *Ta-
bell Dot*, et le garçon me conduisit à ma chambre. Dès
le premier coup d'œil, je compris qu'il me fallait
renoncer à toute idée de sommeil et de repos.

Le mobilier de cette misérable pièce se composait

d'une table, de trois chaises, d'un miroir qui en son temps avait dû servir de cible, et d'un sofa mangé par les mites, poussiéreux, mal rembourré et tout disjoint. Il n'y avait ni lit ni literie. Je résolus de m'installer tant bien que mal avec mes couvertures de voyage ; il fallait seulement que le garçon me procurât des draps. Rien de plus simple ; il alla m'en chercher tout de suite. Il sortit, et après un long temps il m'apporta une nappe sale. Renonçant au luxe des draps, je voulus au moins avoir un oreiller — cet objet que le Russe transporte partout avec lui. Le garçon me promit un oreiller et ressortit. Il resta absent encore plus longtemps que la première, fois et reparut tenant à la main un paquet noué dans une serviette.

Cette vue acheva de me dégoûter de coucher sur le sofa disjoint.

Le prince russe de la chambre à côté, qui se faisait suivre d'un fourgon rempli de bagages, n'était pas mal installé et trouvait qu'on était fort bien dans cet hôtel.

Dans les auberges de village, l'usage est de vous offrir « tout ce qu'il vous plaira » en fait de boire et de manger.

J'étais entré pour dîner dans un *traktir* d'une petite ville située sur l'Oka.

Le garçon vint prendre mes ordres.

Moi. — Qu'est-ce que vous avez, Ivan ?

Le garçon. — Tout ce qu'il plaira à Votre Excellence.

Moi. — Vous avez du saumon frais ?

Le garçon. — Certainement, Excellence.

(Notez que le saumon frais était inconnu à cent lieues à la ronde.)

Moi. — C'est bon ; apportez-moi du saumon frais et des concombres.

Le garçon. — *Si tchas !* (cela correspond à notre « oui, monsieur », et signifie proprement « à l'instant ». C'est la réponse invariable des garçons).

Trois minutes après, le garçon revient soi-disant de la cuisine :

« Je suis bien fâché, monsieur ; il n'y a plus de saumon frais ; on vient de servir le reste.

Moi. — Qu'avez-vous d'autre ?

Le garçon. — Tout ce qu'il vous plaira.

Moi. — Alors, apportez-moi du rôti de mouton.

Le garçon. — Si tchas ! »

Seconde visite à la cuisine ; il reparaît un instant après : « Le cuisinier est bien fâché, mais aujourd'hui il n'a pu se procurer de mouton.

Moi. — Dites-moi tout de suite ce que vous avez.

Le garçon. — Malheureusement, aujourd'hui nous n'avons que des œufs. »

Pour terminer, il fit cuire les œufs lui-même, devant moi.

La cuisine et le cuisinier n'existaient que dans son imagination, absolument comme le saumon frais, les concombres et le gigot de mouton.

La vie monotone des villes de province n'offre rien qui soit digne de remarque. On mange et on boit beaucoup, et on joue perpétuellement aux cartes; quand la ville est riche, il s'y fait une grande consommation de champagne. De temps en temps, une représentation au théâtre, ou le bal de la saison au cercle, viennent apporter un peu de variété. Dans quelques centres importants qui renferment un certain nombre de hauts fonctionnaires et où réside la haute noblesse, on passe son temps assez agréablement.

Toute ville, importante ou non, a sa prison. Depuis quelques années, ces établissements ont considérablement gagné.

En traversant Vladimir, capitale du gouvernement du même nom, j'allai voir la prison, que je visitai dans tous ses détails. L'usage est d'enfermer les prisonniers condamnés pour des méfaits sans gravité, dans de vastes dortoirs où sont alignées des couchettes formées de planches inclinées; la journée se passe aussi dans cette même salle. Ceux que je vis à Vladimir semblaient de joyeuse humeur. Les criminels sous le coup d'accusations graves étaient relégués, ordinairement par deux ou par trois, dans des cellules situées dans une autre partie du bâtiment. Je ne vis qu'un seul homme tout à fait isolé; il avait commis deux assassinats et était au « secret », ce qui ne signifie pas, comme beaucoup l'ont supposé, que ce fût un prisonnier politique, mais simplement qu'il subissait le traitement réservé aux criminels de la pire espèce.

Je remarquai un noble qui était en prison pour un crime assez grave et qui avait conservé son costume habituel. On me dit que sa « noblesse » lui donnait le privilége d'être dispensé de l'uniforme pénitentiaire.

Les dortoirs des femmes étaient à part; le surveillant me dit qu'il avait beaucoup de peine à les entretenir aussi propres que ceux des hommes.

La cuisine était bien tenue et la nourriture convenable; tout le service était fait par des prisonniers. La prison de Vladimir laisse certes une impression favorable quant à la manière dont elle est organisée et administrée.

Les villages du nord et du centre de la Russie se composent uniformément d'un amas de laides constructions en bois, qui ressemblent à des boîtes et se parent du nom de maisons ; le toit, les murs, tout est en bois ; pas un brin de chaume, pas un bout de gazon, pas une fleur ou un objet coloré quelconque ne viennent rompre la monotonie de la teinte de sépia répandue sur tout le tableau. L'intérieur de ces habitations est aménagé en vue des variations extrêmes de la température. La partie de la maison où se tient en été la famille est abandonnée aux approches du froid ; chacun se réfugie alors dans une pièce qui est munie d'un grand poêle et qui sert de cuisine pendant la saison chaude ; près du poêle sont des hamacs suspendus à environ dix-huit pouces du plafond. C'est là que juchent les enfants, tandis que les membres plus âgés de la famille couchent sur le poêle même. Les seuls meubles qu'on aperçoive dans ces misérables demeures sont une table, un grand banc de bois fixé aux parois et faisant le tour de la chambre, quelques images de saints dans les coins, et un grand coffre peint de couleurs vives et relié par des cercles de fer. Ce coffre contient toutes les richesses de la famille, savoir : un costume ou deux, qui voient la lumière dans les grandes occasions et proviennent sou-

vent des grands parents; quelques serviettes ornées
de belles dentelles, auxquelles le paysan attache un
grand prix. Quand deux nouveaux mariés viennent
présenter leurs hommages au bârine, la femme lui
offre une de ces serviettes sur une assiette; il la
prend et la remplace par un mouchoir contenant
quelques roubles.

Outre les vêtements et les serviettes, le grand coffre contient parfois quelques biscuits, un peu d'épi-
cerie et d'autres menus objets.

Près du poêle est ménagé un étroit espace spécialement réservé à la cuisine et pourvu des ustensiles
nécessaires.

Les insectes gros et petits abondent; ils se multi-
plient à la faveur de la chaleur et de la saleté qui
règnent dans ces huttes de bois. Le peuple a un
respect supersticieux pour une espèce de blatte, en
russe *tarakane*, qui passe pour porter bonheur aux
maisons qu'elle adopte.

Les enfants vivent en pleine liberté; personne ne
s'occupe de les former ni de les instruire; mais du
reste ils sont toujours bien traités et il n'est pas de
parents plus attachés à leurs enfants que les paysans
russes.

Les moujiks sont robustes et sains; comme chez les

Spartiates, les faibles succombent : leur vie est si rude! Il s'ensuit que toute la race est vigoureuse et le devient chaque jour davantage par la « lutte pour l'existence ». Pendant les grands froids, il faut que les enfants s'endurcissent ou qu'ils meurent, car ils passent constamment et sans transition de l'atmosphère étouffante de la cabane à l'air glacé du dehors. Un habile médecin, qui avait une grande expérience des moujiks, m'a assuré que d'après des relevés qu'il avait faits lui-même avec le plus grand soin, les deux tiers des enfants de paysans mouraient avant un an. Dans chaque maison est installée une baignoire où tous les membres de la famillle se mettent cuire chaque samedi sans manquer. Le reste de la semaine, ils ne font pas usage d'eau, sauf qu'ils se lavent les mains avant les repas, par un préjugé.tout oriental.

Ils dorment presque tout habillés et ne quittent jamais leurs vêtements que pour le bain du samedi.

En toutes choses ils sont esclaves de la routine, — autre trait caractéristique qui leur est commun avec les nations asiatiques. Ainsi, à une certaine fête qui tombe à époque fixe et qu'on désigne à la campagne sous le nom de « jour des pommes », les prêtres bénissent solennellement les arbres fruitiers; le paysan commence alors à manger des pommes;

7.

mais pour rien au monde vous ne lui en feriez goû-
ter la veille; il est persuadé que cela lui donnerait
le choléra. Cet usage s'observe à la ville aussi bien
qu'à la campagne; et quand vient « le jour des
oranges », non-seulement les Russes ne mangent
plus de pommes, mais les étrangers ne peuvent plus
s'en procurer. Il y a de même une date fixe pour
commencer les bains froids et une autre pour les
cesser.

Je me souviens qu'un jour, en traversant un lac,
j'aperçus une quantité de gibier d'eau; je demandai
au batelier, grand chasseur de son état, quand les
jeunes canards seraient bons à tirer. Il me désigna une
certaine fête. Jamais il ne se serait permis de tirer un
halbran avant l'époque consacrée.

Parmi les pratiques auxquelles se livre le peuple
en l'honneur de la fête de Pâques, subsiste encore le
vieil usage chrétien de s'aborder en s'embrassant; on
en abuse au point de le rendre intolérable, et il a du
reste perdu toute signification religieuse.

Pendant la semaine sainte, hommes et femmes
passent leur temps à faire cuire et à colorer des œufs
qu'on s'offre le jour de Pâques, avec le baiser traditionnel.

Au coup de midi, la fête ou la pénitence, suivant

les cas, commence. Personne alors n'a le droit de se
tenir pour offensé de recevoir à la fois un baiser et
un œuf. Il faut avouer que quelquefois la peine est
un plaisir; mais quand il faut en passer, comme je le
faisais, par plusieurs centaines d'ouvriers presque
tous employés à manier du charbon ou à quelque
autre besogne aussi noircissante, le côté poétique
et religieux de la coutume disparaît complétement, et
il ne reste qu'une corvée insupportable.

Qu'on ne vienne pas me parler de la charge de
Balaklava ou de l'assaut du grand redan; ces exploits
pâlissent auprès des miens. Il me fallait plus que de
l'héroïsme pour attendre de pied ferme un moujik
velu, exhalant une forte odeur de vodka, la barbe
pleine de cendre et la peau imprégnée de poussière
de charbon; un homme qui avait peut-être passé la
nuit à casser du minerai calciné et dont le visage
tenait le milieu entre celui d'un nègre et celui d'un
Peau-Rouge en tenue de combat. Qu'on se représente
mes angoisses tandis qu'un régiment entier de ces
êtres barbouillés défilait devant moi; que chacun à
son tour passait une manche poussiéreuse sur ses
lèvres noires de suie, plongeait son bras dans sa vaste
poche pour y chercher l'œuf peint soigneusement
préparé pour la circonstance, ôtait son bonnet et

préludait à l'exécution par le plus poli des saluts et la plus respectueuse des grimaces. Et quand la première centaine m'avait embrassé trois cents fois, savoir qu'une autre centaine allait lui succéder! J'ai dépensé dans ces occasions une patience et un courage dignes d'une meilleure cause. Mais j'aurais eu tort de me soustraire à cet hommage, car j'aurais gravement offensé des gens qui souvent voulaient me témoigner par là leur reconnaissance pour des services que je leur avais rendus sans le savoir, ou que j'avais oubliés depuis longtemps.

En aucun pays le peuple n'est aussi touché de voir ses supérieurs témoigner de la sympathie à ses usages religieux, ou prendre part à ses réjouissances.

La Russie est connue depuis longtemps pour être la terre des cloches; celles-ci sont réellement terribles le jour de Pâques. Au dernier coup de minuit, on tire un coup de fusil, et aussitôt toutes les cloches des environs se mettent en branle.

Quand le sonneur de profession est fatigué, il est immédiatement remplacé par des gens de bonne volonté, et les beffrois sont assiégés de gamins qui carillonnent sans trêve ni repos jusqu'au soir, à assourdir le voisinage.

CHAPITRE V.

LES PRÊTRES, L'ÉGLISE ET L'EMPEREUR.

Les Russes, surtout ceux des basses classes, professent le plus grand respect pour la religion; mais ce respect se borne à la religion elle-même, sans s'étendre aux prêtres qui en sont les ministres.

Le moindre village a une église, parfois deux ou trois. On est souvent frappé de voir un pauvre hameau, misérable d'aspect, dominé par une immense église qui pourrait le contenir tout entier.

Ce sont toujours les propriétaires qui construisent les églises. Elles sont plus belles et plus nombreuses dans le centre de la Russie que dans le nord. Les cloches sont perpétuellement en mouvement, soit à l'occasion des services religieux, qui sont fort nombreux, soit en l'honneur des innombrables fêtes et vigiles instituées par l'Église. Heureusement elles ont toujours un très-beau timbre, fort différent du son métallique et aigre des cloches anglaises. L'intérieur des églises est brillamment décoré. L'or et l'argent resplendissent à la lueur éclatante de centaines de cierges qui brûlent, pendant le service, dans de lourds candélabres richement ornementés. Des portraits de saints, ornés de cadres somptueux, sont suspendus aux murs et aux colonnes. L'Église grecque n'admet pas d'images taillées dans son sanctuaire.

Les instruments de musique sont interdits par le rituel orthodoxe; un chœur de voix d'hommes y supplée. Ce chœur est ordinairement fort bon; le son s'élève et remplit la voûte, plus puissant et plus solennel encore que celui d'un orgue. Les fidèles ne prennent pas part au chant, qui est exécuté par des chantres *ad hoc* attachés à l'église.

Les ornements des prêtres et tous les accessoires du culte étonnent par le déploiement d'une splendeur toute barbare, qui correspond sans doute aux secrets penchants du peuple demi civilisé qu'il s'agit d'éblouir et de séduire.

Dans toutes les circonstances de la vie, le Russe invoque la bénédiction de l'Église.

Jamais il ne commencerait une chose quelconque sans faire bénir son entreprise, faute de quoi tout tournerait à mal, un déménagement comme la construction d'une machine, la fondation d'un comptoir comme l'essai d'une locomotive.

Dans aucune maison vous ne verrez une seule pièce, que ce soit votre chambre à coucher, une boutique ouverte à tout venant, ou ce lieu de débauches qui porte le nom de traktir, qui ne contienne un portrait de saint. Espérons pour ces pauvres saints qu'ils sont aveugles et sourds; sinon plaignons-les d'être contraints de présider aux bacchanales des buveurs de vodka.

Un orthodoxe ne part jamais pour un voyage sans mettre l'image de son patron dans sa poche; il oublierait plutôt son chapeau. Dès l'âge le plus tendre, on lui suspend au cou une croix ou une image qui ne le quitte plus jusqu'au jour de sa mort, et qu'il ne doit ôter sous aucun prétexte.

J'ai déjà dit que les Russes, tout en vénérant la religion, n'avaient que peu ou point de respect pour les prêtres. Il est heureux pour le pays et pour ses habitants qu'il en soit ainsi, car si ce peuple superstitieux avait pour son clergé la vénération aveugle qu'il a pour les cérémonies extérieures du culte, les destinées de la Russie se trouveraient aux mains d'un corps profondément incapable et ignorant.

Les prêtres se divisent en deux ordres distincts,

qui diffèrent essentiellement par le caractère et la position sociale de leurs membres.

La classe supérieure, qui forme l'aristocratie du clergé et dans laquelle sont choisis tous les hauts dignitaires de l'Église, se nomme le *clergé noir*. C'est un corps instruit.

La seconde classe, dont les membres ne peuvent dépasser le rang de *prêtre de paroisse*, est de beaucoup la plus nombreuse; c'est dans son sein que se recrute exclusivement le clergé des campagnes, le clergé noir ne s'éloignant guère des villes et des couvents. Les popes se transmettent leur charge de père en fils; ils ne peuvent avoir de cure avant d'être mariés, mais il est interdit aux veufs de prendre une seconde femme. Les ordres monastiques sont voués au célibat. Le clergé des campagnes a la plus mauvaise réputation. Les popes sont adonnés à la boisson; les jours de grande fête, ils sont aussi ivres, sinon plus, que leurs paroissiens. Du reste, cela n'est pas étonnant, car il est d'usage qu'aux grandes fêtes ils parcourent le village, entrant dans toutes les maisons pour y consacrer à nouveau les images; ils laissent leur bénédiction à la famille et reçoivent en échange quelque argent et un verre d'alcool.

S'ils renonçaient par respect humain à cette cou-

tume, si dégradante pour le caractère sacré dont ils
sont revêtus, ils courraient grand risque de mourir
de faim, car cette collecte constitue presque leur
seul moyen d'existence. Ils n'ont pas de revenu
régulier, pas de redevances fixes ; ils dépendent de
la générosité de leurs paroissiens, qui souvent sont
eux-mêmes plongés dans la misère.

Même le produit des troncs placés dans les églises
et dans lesquels les dévots glissent de temps à autre
une pièce de menue monnaie, n'est pas exclusivement réservé aux prêtres ; il est consacré en partie à
l'entretien de l'église ; les membres les plus zélés du
troupeau, les plus libéraux envers l'église, ne donnent
qu'à contre-cœur quelques misérables copecks à leurs
infortunés popes.

C'est pourquoi un prêtre besoigneux ne néglige pas
les aubaines que les grandes fêtes peuvent lui apporter ; partant de ce principe de l'Église grecque,
qu'aucune fonction sacerdotale ne doit être gratuite,
il fait sa ronde dans le village, sanctifiant les images
et ramassant des roubles qui pourvoiront à ses premiers besoins.

Le paysan saisit avec joie cette occasion de conférer
à ses dieux pénates un nouveau brevet de sainteté
——peut-être a-t-il le sentiment qu'ils ont pu être scan-

dalisés par les scènes dont ils ont été les témoins ; —
il accueille le pope avec l'hospitalité cordiale propre
à sa nation, et lui offre à boire et à manger. A certains jours de fête — à Pâques par exemple, — il
faut qu'un prêtre bon vivant ait la tête solide pour
résister aux légères collations arrosées de liqueurs
fortes qui l'attendent dans toutes les maisons de son
village.

Le prêtre est également bienvenu aux fêtes de famille, par exemple aux noces ou aux enterrements ;
— tout enterrement se termine par un dîner. Plus
les convives veulent honorer le défunt, plus ils sont
bruyants et affectent de gaieté.

Avec tous leurs défauts, les popes, gris ou non, ne
négligent jamais les offices. Il y a toujours au moins
deux prêtres par église, de sorte qu'en cas d'incapacité de l'un des deux, l'autre le remplace. Je n'ai
jamais vu d'exemple d'irrégularité dans le service
religieux.

Je crois que les tarifs établis pour ce qui constitue
le casuel des prêtres, par exemple les mariages, les
enterrements, etc., sont très-peu élevés, et que de
plus les fidèles marchandent beaucoup.

Un paysan qui perd un de ses amis voudrait bien
le racheter du purgatoire ; il payerait cher pour cela ;

mais, d'un autre côté, il se défie du prix demandé par
le pope pour le nombre de messes estimé nécessaire.
Les Russes sont très-généreux envers les morts, et ils
se dépouilleraient de leur dernier copeck pour assurer un service funèbre. Nombre de fois des paysans
sont venus me demander de leur prêter quelques
roubles pour parfaire la somme exigée par le prêtre.

Les popes sont assistés dans la célébration du culte
par un ou deux diacres et autant de sacristains dont
les fonctions consistent à entonner le chant; on
choisit à cet effet des hommes doués de belles voix
de basse. Ces sacristains n'ont en général aucune
éducation; quelquefois ils ne savent même pas lire;
ils récitent alors les offices par cœur, et on les voit
tourner au hasard les feuillets d'un livre placé à l'envers et dans lequel ils feignent de suivre les prières
qu'ils psalmodient. Le service ne se fait pas en russe
moderne, mais en vieux slave. Le troupeau ne comprend naturellement pas les paroles, mais il a une
idée générale de la signification des différents offices. L'église ne contient pas de siéges; l'usage est
de prier debout, la tête inclinée en avant; des signes
de croix continus, sur la figure et sur la poitrine,
accompagnent toutes les dévotions.

Les litanies produisent une impression solennelle,

malgré des répétitions fatigantes; le prêtre, par exemple, se mettra tout d'un coup à dire pendant un quart d'heure, le plus vite qu'il pourra : *Gospodi pomeelui* (1), ou une phrase du même genre.

On a souvent décrit la manière dont se font les mariages en Russie. A la fin de la cérémonie, le prêtre, au moment où il vient de déclarer que les futurs sont désormais mari et femme, il prend les mains des nouveaux époux dans une des siennes, et, marchant à reculons, conduit trois fois le jeune couple autour de l'église, en présence de la communauté assemblée. C'est, de toutes leurs cérémonies nuptiales, la plus touchante et la plus imposante. Les autres sentent la barbarie. Ainsi il est d'usage que la jeune fille ou ses parents payent le jeune homme pour le décider au mariage, ce qui n'a pas le moindre rapport avec ce que nous entendons par une dot. Le mari est dans sa maison comme un bœuf à l'engrais, ayant le privilége de boire et de dormir, tandis que la femme travaille et souvent fait vivre la famille.

Aussi, dès qu'un paysan est en âge de se marier, il se met en quête d'une femme jeune, forte et active, en un mot d'une bonne bête de somme. Cela

(1) Dieu ait pitié de nous.

est facile à trouver dans un village russe, où toute la jeunesse est robuste et saine, les faibles mourant dans l'enfance.

Quand le garçon a trouvé ce qui lui convient, il s'agit de savoir combien la jeune fille achètera le privilége de devenir son souffre-douleur, ou combien la famille donnera pour se débarrasser d'elle. Le prétendant fixe la somme à laquelle il estime ses propres charmes, et fait savoir aux parents que, moyennant tant, il consentira à épouser leur fille. Dans les basses classes, le tarif est ordinairement de 20 roubles par homme, plus un costume de drap, un certain nombre de chemises de coton, un chapeau et une paire de bottes, en un mot, un habillement complet. La mariée doit aussi apporter son trousseau, dont la composition est convenue, article par article, entre les parties contractantes, avant la célébration du mariage. La valeur des vêtements qu'elle fournit à son fiancé dépend de leur rang à tous deux.

Dans les classes plus élevées, au lieu d'un habillement complet, la mariée donne à son époux une bonne robe de chambre bien chaude, qu'elle remplace, quand besoin est, sur ses revenus particuliers. La fille du plus gros marchand de notre village, ayant épousé un autre boutiquier, lui fit présent, entre autres choses, de six douzaines de chemises.

Quand toutes les questions financières sont réglées à la satisfaction des deux parties, le mariage a lieu, toujours aux frais de la future et de ses parents, qui invitent le jeune homme et ses amis à une série de festins auxquels prennent part les amies de la jeune fille. On dédommage ainsi ces dernières de la peine qu'elles ont prise pour aider à confectionner les culottes et les chemises du marié, en leur fournissant l'occasion d'attraper des maris pour elles-mêmes. Dans ces réunions, le principal amusement, en dehors de la danse, est un jeu qui ressemble à ce que nous appelons en Angleterre le *kiss in the ring*.

Pour le jour du mariage on fait provision d'un grand coffre relié en tous sens par des cercles de fer et peint de couleurs vives; ce coffre contient les trousseaux des mariés, soigneusement emballés, et il suit la noce toute la journée, d'abord à l'église, puis au traktir, où on se rend à l'issue du service religieux et où on boit une grande partie de la dot de la jeune fille. Les nouveaux époux en sortent absolument gris et se promènent par les rues, suivis d'un cortége d'amis affublés de déguisements ridicules, et au son d'une musique infernale de casseroles et de castagnettes. C'est un coup d'œil navrant pour ceux qui connaissent et apprécient les qualités solides du paysan russe.

Ces bacchanales se renouvellent pendant deux ou trois jours, probablement tant qu'il reste quelque chose de la dot de la femme et des présents des amis. Enfin, le gros coffre est installé à demeure dans la maison du nouveau couple, et la mariée se met sérieusement à l'ouvrage.

En résumé, la manière dont les paysans célèbrent les mariages est regrettable à tous. les points de vue, et plus tôt les usages changeront à cet égard, mieux cela vaudra.

Même les paysans d'un ordre plus relevé, ceux qui s'abstiennent d'aller boire au traktir et de parader dans les rues, mangent et dansent chez le père de la mariée, pendant vingt-quatre heures consécutives; ils sont soutenus et entraînés par l'exemple des diacres, qui ne se distinguent pas moins par leur agilité que par leur appétit.

Quand les paysans perdent l'un des leurs, ils font venir des pleureurs à gages, qui veillent alternativement le corps pendant deux jours et trois nuits. On procède ensuite à l'enterrement; chacun des assistants tient à la main un cierge allumé.

La bière n'est clouée que quand elle est descendue dans la fosse; les pleureurs baisent le mort au front avant que le couvercle le dérobe à la vue. En été, cet usage est aussi malsain que répugnant; l'odeur de l'encens combat à peine celle du cadavre.

La consécration de l'autel dans une église neuve est accompagnée de cérémonies intéressantes et bizarres, dont je regrette de ne pouvoir expliquer la signification et l'origine. On commence par apporter une table de bois poli, aussi blanche que la neige, à chacun des angles de laquelle on plante un clou; les prêtres mettent alors de grands tabliers blancs et procèdent au lavage de la table, d'abord avec du savon et de l'eau, en second lieu avec du vin rouge; la tête des quatre clous est ensuite recouverte de cire; enfin, on enduit la table d'une huile parfumée qui exhale une odeur très-forte, on étend dessus un linge d'une blancheur éclatante et recouvert d'une nappe d'autel richement brodée. Les fidèles se pressent autour de la table, un cierge allumé à la main, pour s'emparer d'une parcelle de la cire qui recouvre les clous, ou pour tremper un coin de leur mouchoir dans l'huile parfumée dont la table est imprégnée; s'ils y parviennent, ils se figurent posséder un talisman infaillible contre la maladie et la douleur.

Je me suis contenté de noter en passant une ou deux cérémonies religieuses dont j'ai été accidentellement le témoin. Je n'avais guère d'occasions d'observer ce qui touche au culte, et je crois qu'il y a des rites plus extraordinaires et plus curieux encore que ceux que j'ai essayé de décrire.

Les prêtres tirent un de leurs principaux revenus de processions dans lesquelles on porte les images de saints appartenant aux églises. A Moscou, par exemple, il existe une image de la Vierge Marie qui possède à son service particulier un carrosse à quatre chevaux, dans lequel elle va journellement faire des visites aux membres zélés du troupeau. Si grand est le désir de recevoir chez soi le tableau sacré, qu'on s'inscrit plusieurs mois à l'avance pour obtenir cette insigne faveur.

Quand la Vierge passe dans les rues, escortée de nombreux servants tête nue, tous ceux qui se trouvent à portée de la vue se découvrent. A la campagne, ces images parcourent une fois par an les environs de l'église à laquelle elles appartiennent. Celle qui visitait notre village venait d'un monastère éloigné; à son arrivée, on la portait d'abord à l'église, où elle assistait à un service; elle allait ensuite de maison en maison, accompagnée du prêtre, qui recevait quel-

8

que argent à chaque visite. Donner asile à l'image
pendant la nuit était considéré comme le plus grand
des honneurs : aussi se payait-il fort cher. La collecte effectuée pendant ces excursions produisait des
sommes prodigieuses Dans notre village, par exemple,
les offrandes atteignirent en dix jours le chiffre de
12,500 fr. Au moment du départ, la procession ne se
compose que d'un petit nombre de prêtres, de quelques femmes, et parfois d'un ou deux idiots; mais
comme à chaque village elle se grossit de tous les
mendiants et de tous les idiots de l'endroit, elle ne
tarde pas à entraîner à sa suite une foule énorme de
gens à l'aspect sordide et lamentable, hôtes malvenus
dans une maison. Une année, ils entrèrent tous chez
moi, et après leur départ il fallut ouvrir les fenêtres
et brûler des aromates.

Le nombre des saints augmentait en Russie d'une
façon si continue et arrivait à un chiffre tellement
absurde, que l'empereur Alexandre II s'est vu con-
traint de mettre un terme à cet abus par un ukase.

Il n'est pas rare de rencontrer des gens qui assurent de bonne foi avoir vu apparaître des saints. Il me
semble que ce fait pourrait s'expliquer par les mi-
rages, si fréquents en Russie.

Un jour, en traversant une vaste plaine — presque

une steppe, — j'aperçus un homme debout dans un champ. Il était immobile et avait une apparence singulière. Je ne pourrais pas dire en quoi il différait d'un homme ordinaire, mais il avait positivement quelque chose d'extraordinaire et presque de surnaturel.

Je fus si frappé de cette étrange apparition que je ne pus en détacher mes regards. Au bout d'une demi-minute, l'homme s'effaça peu à peu et enfin disparut. Sans aucun doute, cette vision provenait d'une illusion d'optique produite par le mirage. J'interrogeai mon cocher, qui donnait des signes de frayeur; il me répondit que nous avions vu un saint. Je suis persuadé que la plupart des saints russes n'ont pas d'autre origine que des phénomènes de ce genre, et je citerai à l'appui de mon opinion l'anecdote suivante :

Je passais avec le même cocher devant une petite chapelle située à environ dix verstes d'une ville du gouvernement de Vladimir; j'avais souvent remarqué cette chapelle, et je demandai au cocher en l'honneur de qui elle avait été construite.

« C'est la chapelle d'Élie. Un jour, des gens qui sortaient de la ville aperçurent un saint sur la route et essayèrent de le prendre; il s'évanouit. Quelques jours plus tard, les mêmes personnes le revirent au même endroit et se mirent à courir après lui; mais il disparut de nouveau. Peu de temps après, il apparut une troisième fois et échappa à ceux qui le poursuivaient en plongeant dans une mare. Aussitôt les fidèles ouvrirent une souscription et construisirent cette chapelle sur l'emplacement de la mare; l'anniversaire de cette apparition est regardé comme une grande fête, et ce jour-là l'eau du petit étang jouit d'une grande vertu curative. »

Je lui demandai quand s'était passé cet événement.

« Il y a environ quarante ans. »

Ce saint était évidemment un mirage.

La chapelle était desservie par un prêtre ou diacre qui habitait une petite cabane située tout auprès. J'avais souvent remarqué au bord de la route, en face de la cabane, une espèce de trébuchet de bois fixé à un poteau, à environ quatre pieds au-dessus du sol, et semblable aux trappes de briques avec lesquelles les gamins prennent des oiseaux. Il m'était impossible de deviner à quoi cela pouvait servir. Un jour que le son des clochettes avait averti le vieillard de mon passage, je le vis sortir précipitamment de sa maison et courir vers le poteau; je remarquai en passant qu'il avait placé un petit concombre dans le trébuchet. La voiture s'éloigna avec fracas; en me retournant, je vis le vieux prêtre ressortir de chez lui, courir de nouveau à la trappe et reprendre son concombre avec l'expression du plus vif désappointement. Alors je commençai à comprendre à quoi était destiné le trébuchet. Le pauvre bonhomme, voyant que je ne mettais jamais rien dans le piége, l'avait *amorcé* avec le concombre en m'entendant venir. Je fus fâché de ne pas avoir deviné plus tôt, et à partir de ce jour je ne manquai jamais de déposer en passant une légère offrande dans la boîte.

Un matin, en regardant par la fenêtre, j'aperçus, à mon grand étonnement, trois soleils également brillants; il était impossible de distinguer le parhélie de l'orbe véritable. Ce phénomène est rare, sauf dans l'extrême nord de l'empire russe.

La vénération du peuple pour l'Église est encore surpassée par celle que lui inspire l'empereur.

L'amour du paysan russe pour son tzar est un sentiment impossible à analyser. A ses yeux, le tzar est l'incarnation de la Providence, un être à part, en possession de la perfection et presque de l'omniscience, et créé spécialement pour protéger les paysans; il n'est pas responsable de ce qui va de travers, mais le moujik ne manque jamais de lui attribuer tout ce qui vient adoucir son sort rigoureux. C'est là, chez les paysans, un sentiment vraiment enfantin, auquel se

8.

mêle une forte dose de superstition; le nom de Sa Majesté revient à chaque instant dans leurs prières; il en est non-seulement le sujet, mais l'objet. Tous sont persuadés que l'empereur les connaît individuellement et s'intéresse paternellement au sort de chacun. Je me souviens qu'allant un jour dans un village, je dis à une très-vieille femme, la mère de la communauté :

« Eh bien, ma bonne dame, je suis allé à Nijni-Novgorod, et j'ai montré des échantillons de notre fer au tzarévitch.

— Ah! fit-elle; l'a-t-il trouvé bon?

— Oui, très-bon.

— Il savait qu'il avait été fabriqué avec notre charbon, n'est-ce pas? »

Notre charbon voulait dire le charbon fait par son mari et les autres habitants du village.

« Certainement.

— A-t-il demandé des nouvelles de mon mari? »

Je fis signe que oui, pour ne pas enlever à la vieille femme une illusion qui faisait sa joie.

« Ah! oui — elle semblait se parler à elle-même, — naturellement le tzarévitch sait bien que mon mari est charbonnier en chef. »

Cette conversation me parut significative; elle

montre quelle prise a la famille impériale sur le
cœur et l'esprit du peuple des campagnes.

Les paysans ont à cet égard les idées les plus éton-
nantes. Tous, sans exception, sont convaincus qu'ils
n'ont qu'à aller à Saint-Pétersbourg et à sonner à la
porte du palais impérial pour entrer chez le tzar et
lui présenter une pétition quelconque.

Que de fois, me trouvant en contestation avec des
ouvriers qui élevaient des prétentions exagérées ou
absurdes, je les ai entendus dire :

« C'est bon, nous allons aller trouver l'empereur
et lui raconter ça; il vous forcera bien à faire ce
que nous demandons. »

Effectivement, il est arrivé plus d'une fois qu'une
députation s'est mise en route pour « aller trouver
l'empereur » et lui soumettre quelque grief ridicule;
elle ne revenait que parce qu'elle était arrêtée en
route par un personnage officiel auquel elle avait
confié ses projets et qui lui avait démontré, non
qu'elle avait tort d'en appeler à César, mais que ce
qu'elle demandait était absurde.

J'ai connu un très-honnête moujik qui avait été relativement riche, mais qui avait eu la mauvaise
chance de découvrir un dépôt de pyrites de fer;
trompé par les reflets argentés de ce minéral, il

croyait avoir trouvé de l'or ou de l'argent, et considérait déjà sa fortune comme faite. Il avait dépensé tout ce qu'il possédait à faire garder nuit et jour son trésor, quand il se décida à venir me trouver, un petit sac plein de pyrites à la main.

Il ferma soigneusement la porte, regarda derrière les meubles et sous la table pour s'assurer que nous étions seuls, puis ouvrit son sac et me le présenta en disant :

« Qu'est-ce que cela?

— Un composé de soufre et de fer.

— Pas du tout! c'est de l'argent. »

J'en pris un morceau que je plaçai sur le feu, et quand le soufre fut entièrement consumé, je lui fis voir qu'il n'y avait pas d'argent dans le résidu : cette expérience ne le convainquit pas.

« Non, fit-il; je vois que vous ne vous y connaissez pas. Vous n'avez jamais vu le minerai d'argent de ce pays-ci. Je vais aller trouver l'empereur et lui montrer mon argent. Le malheur est que je suis sans le sou; voulez-vous me prêter cinq roubles pour manger en route? »

Je m'intéressais à cet homme, et après lui avoir dit qu'il était un imbécile, je lui donnai les cinq roubles ; il partit à pied pour aller trouver son empereur.

Quelques semaines plus tard, je traversais notre village en voiture. Un homme courut après nous en faisant signe au cocher d'arrêter. Je reconnus mon vieil ami le chercheur de trésors, qui revenait guéri de son expédition.

« Eh bien, Féodor, avez-vous vu le tzar?

— Oh! non; — je m'étais trompé. En arrivant à Moscou, je suis allé voir mon général (ce n'était pas un de nos paysans), et il m'a conduit chez un homme très-habile, qui m'a dit juste la même chose que vous; alors je suis revenu. Je n'ai dépensé que deux roubles trente copecks de ce que vous m'aviez prêté, et voici votre argent. » Il me le remit et poursuivit : « Après tout, je n'ai pas eu une si mauvaise idée. Quand les autres m'ont vu partir, ils ont cru que c'était pour sûr de l'argent, et ma femme leur a tout vendu à trois roubles la livre! »

Les paysans russes ont le droit de pousser jusqu'à l'adoration leur amour pour le tzar et de le considérer comme un être surnaturel. Ils savent ce qu'il a fait pour eux; ils savent que c'est lui qui a brisé leurs chaînes, et ils comprennent mieux que personne toute l'opposition qu'il a rencontrée de la part de la noblesse et l'inappréciable valeur du don qu'il leur a fait. J'affirme que l'affranchissement des serfs russes est la plus grande victoire que la volonté d'un seul homme ait jamais remportée sur le préjugé et la tyrannie.

Les serfs émancipés sont pour ainsi dire grisés par la liberté : aussi se font-ils de leurs nouveaux droits les idées les plus originales. Un moujik me disait à ce propos : « Voyez-vous, bârine, tout est changé à présent. Autrefois, j'étais à vous avec tout ce qui m'appartenait; mais maintenant, c'est vous et ce qui vous appartient qui êtes *à moi*. »

Il vaut infiniment mieux pour le peuple nourrir dans son ignorance cette opinion absurde, que de continuer à vivre dans l'état d'abjection où il est resté si longtemps plongé. Mieux vaut être froissé par le franc parler d'hommes indépendants, qu'écœuré par la plate servilité d'esclaves.

Deux moujiks parlaient de moi sous le balcon de ma fenêtre.

« Ivan, qu'est-ce que c'est que ce gaillard qui est là-haut?

— Oh! c'est un de ces Allemands (pour eux, tous les étrangers sont des Allemands) qui ont loué l'usine. »

Jamais un serf n'aurait eu l'audace de parler de son maître, Russe ou Allemand, en ces termes. L'importance de cette anecdote n'échappera pas à ceux qui ont connu la Russie et les paysans russes sous l'ancien régime. Je reste stupéfait et indigné quand je vois imprimé que l'émancipation a échoué. Que ceux qui s'intéressent à la question de savoir si trente millions d'hommes seront esclaves ou libres aillent en Russie voir les choses par eux-mêmes. Qu'ils aillent dans les villages causer avec les habitants; qu'ils les écoutent plaider leur propre cause; alors, même sans avoir connu leur ancienne et misérable condition, je suis assuré qu'ils reviendront persuadés que les paysans russes méritent la liberté et qu'ils sont capables de faire un bon usage des droits et des avantages qu'elle leur confère.

CHAPITRE IV.

LA CHASSE ET LES DIVERTISSEMENTS.

De toutes les contrées relativement voisines de l'Angleterre, la Russie est celle qui contient le plus de gibier; mais les Russes ne sont pas chasseurs, ils ne connaissent que la chasse au piége; peut-être faut-il attribuer à cette circonstance l'énorme quantité d'animaux sauvages qui peuplent leur pays.

Toutes les espèces que nous connaissons s'y trouvent, sans compter beaucoup d'autres qui sont étrangères à l'Angleterre.

Ce n'est que dans le Caucase qu'on voit des faisans. Mais dans presque toute la Russie on rencontre des perdrix grises et des perdrix rouges, des coqs de bruyère, des *capercailzies*, des *rabchicks*, des gélinottes, toutes les variétés des bécassines, des lièvres, des canards, des oies, des cygnes, des bécasses, des outardes et bien d'autres espèces qu'il serait trop long d'énumérer.

Parmi le gros gibier on compte le loup, l'ours, le lynx, l'élan, et le chevreuil dans l'Oural.

On a tué des tigres dans le voisinage des monts Altaï; plusieurs de ces animaux sont conservés empaillés au musée de Barnaoul. Ils avaient sans doute traversé la steppe des Kirghis et s'étaient ensuite égarés dans les provinces de l'Altaï, au sud de Sémipalatinsk. Les montagnes de l'Oural renferment beaucoup de grands-ducs, qui sont véritablement effroyables à voir.

Dans le gouvernement de Nijni-Novgorod et dans certaines parties de celui de Vladimir, j'ai aperçu des quantités innombrables d'aigles de toute espèce et de toute couleur, entre autres des busards. J'ai vu des aigles noirs d'une audace étonnante.

Je me souviens d'un de ces animaux qui était perché sur un arbre. J'étais malheureusement sans fusil. Je cherchai à l'effaroucher, mais il ne daignait pas me voir. A la fin, quand il condescendit à remarquer mes cris et les pierres que je lui lançais, il fit mine de s'élancer sur moi, tellement que je finis par n'être pas rassuré et par m'en aller.

Le menu gibier de ces provinces a si peu d'expérience des coups de fusil et des chasseurs qu'il n'est pas plus farouche que les sujets de Selkirk; on

9

marche à la lettre sur les oiseaux, et pour les tirer il faut d'abord les faire partir à coups de pied, comme les faisans élevés dans une faisanderie.

Les outardes arrivent dans les régions agricoles après la moisson. Cet oiseau est particulièrement friand de pois.

Les outardes de Russie sont énormes et pèsent jusqu'à 35 livres et au-dessus. Il est difficile de les approcher dans ces vastes steppes absolument nues ; le seul moyen est de se placer derrière une charrette de foin, de s'avancer de la sorte aussi près que possible, et d'attendre patiemment l'occasion de tirer.

On appelle quelquefois à tort l'outarde dindon sauvage ; elle a très-peu de rapports avec ce dernier oiseau. Elle est assez bonne à manger, pourvu qu'on l'enterre pendant vingt-quatre heures avant de la faire cuire.

Les animaux qu'on chasse en Sibérie pour leur fourrure, tels que la martre, le lynx, l'hermine, etc., étaient sans doute communs autrefois en Russie ; quant au castor, j'ai eu connaissance d'un document fort curieux où il en est question.

Ivan-le Terrible, qui régnait vers 1560, octroya aux paysans d'un village situé dans la province actuelle de Vladimir, le privilége de chasser le castor dans les bois du voisinage. Ce document paraît authentique; la contrée qui y est désignée était alors couverte d'une épaisse forêt qui n'avait jamais été explorée, qui était à peine praticable et qu'Ivan dut traverser en allant assiéger Kazan. On dit que les paysans obtinrent le privilége en question pour avoir guidé Ivan et son armée à travers la forêt, qui plusieurs siècles après était encore connue sous le nom de bois Mourom; de nos jours, quoique cette région soit défrichée et cultivée, le bois Mourom reste mêlé à toutes les légendes et aux chants nationaux; l'imagination du peuple continue à en faire un repaire de brigands redoutés et de bêtes fauves.

Très-peu de paysans chassent à tir, quoiqu'ils deviennent tous facilement d'excellents tireurs. Dans l'Oural, où cet usage est un peu plus répandu, les paysans se servent de fusils extrêmement lourds et au canon fort étroit, avec lesquels ils tuent toute espèce de gibier.

Il existe des règlements pour l'ouverture et la fermeture de la chasse; mais on n'en tient aucun compte, sauf dans les environs immédiats des grandes villes.

En général, quand un paysan sort avec son fusil, il tire tout ce qu'il rencontre — du moins tout ce qui

est posé, car il risque rarement de perdre son coup
en visant au vol.

Il a recours contre le gibier à des ruses déloyales et
indignes d'un vrai chasseur. Par exemple il attire le
rabchick, qui est peut-être l'oiseau le plus commun
en Russie, en *appelant*. On imite le cri de cet animal au moyen d'un tuyau de plume; les rabchicks
du voisinage viennent se poser à portée du chasseur,
qui les abat l'un après l'autre.

Après les premières neiges, les capercailzies per-
chent sur les arbres avec les coqs de bruyère; les
chasseurs les poursuivent alors dans les bois sur un
traîneau attelé d'un bon trotteur. Au printemps, on
parvient à approcher cet oiseau de la manière suivante :

Le capercailzie est rusé et farouche et part au
moindre bruit. Il se perche sur la cime des jeunes sapins et pousse à intervalles réguliers un cri particulier; en jetant son cri, il ferme les yeux; le paysan,
qui sait cela et qui est aux aguets, profite de l'occasion pour faire quelques pas en avant et se cache
derrière un arbre; il attend un nouveau cri pour
gagner un autre couvert et répète le même manége
jusqu'à ce qu'il soit parvenu à courte portée de l'oiseau; mais il faut qu'il évite soigneusement de faire

le moindre bruit, car le craquement d'une branche ou un faux pas suffisent pour faire envoler le *capercailzie*.

On tue beaucoup de coqs de bruyère au printemps, après la fonte des neiges, au moment où le soleil reprend de la force. Les mâles se réunissent alors dans les clairières pour se battre; quand ils ont adopté un emplacement, ils y retournent tous les matins. Le paysan, qui a remarqué le lieu du rendez-vous, vient dans la journée construire parmi les broussailles une petite hutte qu'il dissimule soigneusement sous le feuillage. Il s'en va et ne revient qu'au bout de plusieurs jours, pour laisser aux oiseaux le temps de s'habituer à la vue de la hutte. Enfin, le jour choisi pour l'exécution arrive. Des femelles empaillées sont adroitement placées çà et là dans les arbres environnants, pour ôter toute défiance aux coqs; vers le soir, le chasseur s'installe commodément dans sa hutte, y pratique des ouvertures pour passer le canon de son fusil et attend patiemment sans bouger le lever du jour. Aux premières lueurs de l'aurore, les mâles arrivent à grand bruit et se mettent aussitôt à la besogne; ils se provoquent par des cris aigus et se battent avec fureur.

De son côté, le paysan ne reste pas oisif; à mesure

que les oiseaux arrivent à sa portée, il les tire, soit posés à terre, soit perchés sur les arbres à côté des poules empaillées.

Dès que le soleil paraît sur l'horizon, les survivants s'envolent ; mais jusqu'à ce moment ils sont si absorbés par la lutte qu'ils ne prêtent aucune attention aux coups de fusil. Je tirais un jour sur deux combattants ; l'un tomba ; son adversaire ne se dérangea même pas et continua à accabler le cadavre de coups de bec jusqu'au moment où je l'abattis aussi. De cette façon on remplit vite son carnier ; il m'est arrivé de tue   jusqu'à trente-cinq coqs de bruyère dans le court espace de temps qui sépare le point du jour du lever du soleil.

On construit aussi des affûts au bord des lacs et des rivières ou dans des bateaux amarrés au rivage ; le gibier à plumes vient boire le matin et le soir ; un chasseur placé en embuscade abat souvent à lui seul quarante ou cinquante pièces. Il est rare qu'un paysan tue des bécasses, des bécassines, des perdrix et en général un oiseau des espèces qui ne viennent pas à l'appel. Il en résulte une telle abondance de gibier qu'on ne peut s'en faire une idée à moins d'avoir été en Russie. Avec un bon chien, un tireur médiocre tuera facilement cinquante ou soixante

pièces dans la matinée. J'en ai vu un abattre au
mois d'août quarante ou cinquante bécasses dans sa
journée; et je ne connais pas de plus grand régal
pour un gourmet que la chair de cet oiseau.

On rencontre des bandes d'oiseaux de passage prodigieuses.

Je traversais un jour un étang qui venait d'être
mis à sec; je n'y remarquai rien de particulier; mais
quelques heures plus tard, quand je repassai par le
même endroit, le lit de l'étang était littéralement
couvert d'oiseaux de passage de toutes les espèces et
de toutes les grandeurs. C'était un spectacle curieux.
Les pauvres bêtes étaient si épuisées qu'elles n'a-
vaient pas la force de se déranger; nous en étour-
dîmes quelques-unes à coups de canne et nous les
prîmes à la main.

Au printemps, les nombreuses petites îles qui par-
sèment le golfe de Finlande, tout près de Saint-Pétersbourg, sont couvertes de grives rouges et de
nombreuses variétés de tringas.

J'ai ouï dire que l'étude de l'histoire naturelle
était fort négligée en Russie. Ce pays offre pourtant
un vaste champ d'observations au naturaliste, particulièrement à l'amateur d'ornithologie.

Chaque paysan russe construit près de sa maison

un petit abri de bois destiné aux oiseaux; les étour-
neaux en prennent possession au commencement
du printemps et y restent jusqu'à ce que les approches du froid les contraignent à émigrer.

Les lièvres sont aussi fort abondants; ils appartiennent généralement à la variété bleue et sont fort
gros. Les Russes n'en font pas grand cas et les tirent
rarement. Cependant, quand il a neigé pendant la
nuit, le paysan qui trouve le matin des traces de
lièvre s'amuse quelquefois à les suivre.

Aux approches du gîte, la piste décrit toujours un
léger circuit; le paysan, averti par ce signe, prépare
son fusil et tire l'animal à bout portant. J'ai vu de
jeunes garçons prendre tout une charretée de lièvres,
au printemps, à l'époque où les rivières débordent
et inondent les pays riverains sur une largeur de plusieurs milles. Les gamins choisissent une éminence
que l'eau recouvre peu à peu en montant; les lièvres
qui y avaient cherché refuge sont acculés dans un
coin et assommés à coups de bâton.

Parmi mes lecteurs, il s'en trouvera probablement
qui voudraient bien savoir où sont ces belles chasses
et comment s'y prendre pour en jouir. Les belles
chasses existent presque partout en Russie, et pas
trop loin des villes. Les amateurs n'ont qu'à aller à

Moscou; ils se feront facilement présenter au cercle
à une quantité de propriétaires qui leur fourniront
les moyens de satisfaire leur goût. A peu près personne ne fait garder, excepté les membres de quelques cercles des environs de Saint-Pétersbourg; non-
seulement la chasse est ouverte à tout venant — du
moins à tout étranger, — mais les chasseurs reçoivent en outre la plus cordiale hospitalité.

A 80 lieues de Moscou, dans un endroit où passe le
chemin de fer et qui par conséquent est d'un accès
facile, il y a presque trop de gibier. Je n'imagine
pas pour ma part de plaisir plus vif que celui d'une
partie de chasse au mois d'août dans la Russie centrale. Le seul désagrément est qu'on est dévoré
par les moustiques; je me préservais cependant de
leurs morsures par un procédé que je vais indiquer
pour le plus grand profit des chasseurs de tous les
pays.

Je portais sur moi une petite fiole d'huile à manger dans laquelle j'avais versé quelques gouttes de
créosote, et quand je me trouvais en présence de
l'ennemi, je me frottais les mains et le visage avec
cette mixtion; il était alors rare qu'un moustique me
piquât, cet insecte redoutant l'odeur, assez agréa-
ble pourtant, de la créosote.

9.

Le gros gibier abonde dans les provinces de Vladimir, de Nijni-Novgorod et de Tver.

On y trouve beaucoup d'ours, surtout des ours
bruns de la petite et de la grande espèce; les noirs
sont rares, pourtant j'en ai rencontré une fois cinq
ensemble, deux vieux et trois jeunes. Le chasseur
russe en quête d'un ours a quelquefois recours au
stratagème suivant :

Quand il a remarqué un sentier fréquenté par
un de ces animaux, il cherche dans le voisinage trois
arbres rapprochés les uns des autres et disposés de
manière à former à peu près un triangle. Il est essen-
tiel que les arbres soient assez gros pour que leurs
branches réunies supportent le poids d'un homme,
mais pas assez pour que chaque branche prise sépa-
rément puisse porter un ours.

Le chasseur lie ensemble les rameaux situés vers
la cime des trois arbres et se forme ainsi une sorte
de cachette suspendue, puis il attache à un arbre
voisin une clochette semblable à celles que portent
les vaches, et à laquelle est fixée une ficelle dont il
tient l'extrémité. Ces préparatifs terminés, il grimpe
comme il peut dans son réduit avec son fusil, et tire
la ficelle. L'ours, entendant la clochette, croit flairer
du bifteck et se glisse sans bruit vers l'endroit d'où

provient le son. Quand il arrive au-dessous de la clochette et qu'il ne trouve pas de vache, il tourne la tête
en tous sens comme un moulin à vent, de la plus
drôle de façon; le chasseur attire son attention en
faisant quelque mouvement; aussitôt l'ours d'accourir
et de lever le nez. C'est le moment de tirer, et si le
fusil du paysan consent à partir (il rate neuf fois sur
dix), le pauvre Martin est dans une mauvaise passe,
car le fusil contient très-probablement, outre une
double charge de poudre, quelque chose comme deux
balles, un morceau de fer, un ou deux cailloux et
peut-être la baguette par-dessus le marché.

Si l'ours n'est que blessé, on en a pour longtemps;
il reste à guetter l'occasion de se venger, et le moujik
est obligé d'attendre dans son arbre que l'animal
veuille bien s'en aller, ou que ses amis viennent le
délivrer.

Les voyageurs font mille récits sur la férocité des
ours et sur leur penchant à attaquer l'homme; tout
ce que je puis dire, c'est que j'ai toujours eu beaucoup de peine à approcher de ces animaux; dès
qu'ils vous sentent, il disparaissent.

Il en est de même pour les loups. J'en ai rencontré dans toutes les circonstances imaginables, et une
seule fois j'en ai vu un qui paraissait disposé à

m'attaquer ou à attaquer les chevaux de mon tarantas.

Les paysans surprennent parfois les ours dans leurs retraites d'hiver; celles-ci se reconnaissent à la teinte différente de la neige qui bouche l'entrée de la tannière, ou aux ouvertures que l'animal y pratique pour livrer passage à l'air. Une troupe de paysans armés de fusils, de bâtons, etc., cerne la retraite de l'animal endormi, et cherche à le réveiller par ses cris; au besoin, on le pousse avec une perche. Quand l'ours engourdi et hébété se décide enfin à se lever, il vient passer la tête par l'ouverture de son antre; toute la troupe fait alors feu en même temps et chacun de s'enfuir; au bout de quelques instants, on vient voir l'effet produit et on renouvelle l'attaque, si la première décharge a été inutile. Mais les ours tués pendant l'hivernage ne valent pas la peine d'être pris. Il sont d'une maigreur excessive et leur peau est toute dépouillée.

L'ours a une aversion remarquable pour la musique. J'élevais deux oursons qui étaient constamment avec nous dans le salon; dès que quelqu'un se mettait au piano, ils commençaient à pousser des cris lamentables, et rien ne pouvait les calmer tant qu'ils étaient à portée du son.

Deux fois seulement j'ai entendu parler de gens attaqués par ces animaux. Un jeune garçon vint rapporter à des bûcherons qu'il avait vu un ours dans la forêt. C'était en hiver; l'animal avait probablement été réveillé dans sa retraite par le bruit de la cognée.

Un des ouvriers se rendit à l'endroit désigné; l'ours sortit la tête par le trou; le paysan lui asséna un coup de hache, et aussitôt l'animal se jeta sur lui et lui scalpa la peau du crâne. Le lendemain, presque à la même place, des moujiks conduisant une voiture trouvèrent un ours (sûrement le même) à moitié endormi en travers du chemin. Comme il ne se dérangeait pas, le conducteur alla à lui et le frappa de son fouet; notre Martin peau-rouge sauta sur lui et le scalpa comme le bûcheron.

Je suis heureux d'ajouter que ces deux hommes se guérirent à notre hôpital, quoique leur crâne fût entièrement mis à nu.

Dans les grandes battues on aperçoit souvent des lynx, que les Russes désignent sous le nom de chats sauvages. J'ai eu la bonne fortune d'en voir un. On faisait une battue dans un endroit situé à environ 12 ou 13 lieues de Saint-Pétersbourg. J'étais immobile à mon poste, fatigué et à moitié endormi, laissant

probablement échapper bien des occasions de tirer,
lorsque je fus soudainement réveillé par un bruit de
branches cassées tout à côté de moi. Je regardai dans
la direction du son, et ce que je vis me surprit tellement que je crus rêver. C'était un animal tel que je
n'en avais jamais vu en liberté, et ma première idée
fut que j'avais sous les yeux un jeune tigre ou un
léopard; il était de la taille d'un petit mâtin; ses
grosses pattes et ses jambes épaisses annonçaient une
grande vigueur; il avait le poitrail large, la tête
grosse, d'un gris rougeâtre et tachetée.

Je ne m'attendais à rien moins qu'à cette rencontre, et ma surprise fut telle qu'il ne me vint pas
à l'esprit de tirer; au fond ce fut heureux, car mon
fusil était chargé avec du n° 4, qui n'aurait pas produit grand effet sur un animal pareil. Il s'en fut au
petit trot, et en le regardant s'éloigner je compris
enfin que j'avais eu la chance de voir de près un
lynx. C'est la seule fois que cela me soit arrivé.

Les paysans prennent au piége bon nombre d'ours
et d'élans. Ils aiment passionnément ce genre de
divertissement et y font preuve d'une adresse in-
croyable; il est rare qu'ils tendent un piége inutilement. Un paysan passera plusieurs semaines à suivre
les traces d'un troupeau d'élans, jusqu'à ce qu'il ait

découvert sa reposée; alors il tend son piége dans le voisinage, en travers d'un sentier frayé et fréquenté par ces animaux; il l'attache à un arbre avec une chaîne solide, et il recouvre le tout d'une légère couche de terre et de feuilles.

Lorsque le troupeau prend le sentier en question, il se trouve presque forcément dans le nombre un élan qui met le pied sur le piége et devient ainsi la proie du chasseur; les pauvres bêtes sont encore plus à plaindre quand, au lieu d'être tuées sur place, elles s'échappent en laissant une de leurs pattes dans le piége, ce qui arrive souvent. J'ignore si les élans survivent à cette cruelle mutilation, mais je puis l'affirmer pour les ours, en ayant tué un qui avait perdu une patte de cette façon et qui courait avec les trois autres presque aussi vite que s'il en avait eu quatre.

Quand un ours est pris, il essaye de se couper la jambe avec ses dents; je l'ai vu de mes propres yeux; ayant abattu un ours tombé dans un piége, je constatai qu'il avait rongé sa patte au-dessus de l'endroit où elle était prise et qu'il l'avait presque coupée.

La chasse aux loups telle qu'on la pratique en Russie est véritablement passionnante. Les chasseurs

se placent dans un grand traîneau et se font précé-
der d'un second traîneau plus petit monté par deux
hommes, dont l'un conduit tandis que l'autre tient
sur ses genoux un cochon vivant; un autre cochon enfermé dans un sac est mis en réserve sous le siége.
Derrière le grand traîneau pend une corde d'environ
20 mètres de longueur, à l'extrémité de laquelle est
fixé un gros bouchon de foin qui rebondit sur la
neige durcie à chaque mouvement de la corde, et
imite ainsi assez bien les mouvements d'un animal
vivant. Les deux traîneaux partent au galop; ils
évitent les bois et parcourent les plaines, dans les
environs des villages; l'homme placé dans le premier
traîneau pince les oreilles de son cochon, dont les
cris retentissent au loin dans l'air glacé de la nuit.
On a soin de choisir le moment du clair de lune, qui
permet de distinguer les loups de fort loin. Ils paraissent, semblables d'abord à des ombres bondis-
santes; à mesure que leurs formes maigres et agiles
se dessinent plus nettement sur la neige, l'émotion
va croissant. Cependant les traîneaux continuent leur
course rapide, le cochon crie; s'il se taisait un seul
instant, toute la troupe fauve s'évanouirait. Les loups
approchent, ils aperçoivent le bouchon de foin qui
danse sur le sol, et s'élancent tous ensemble en faisant

LA CHASSE ET LES DIVERTISSEMENTS.

retentir l'air d'aboiements saccadés et aigus qui répondent aux grognements du cochon.

C'est l'instant critique; quelquefois les loups découvrent la supercherie et tournent court avant qu'on puisse les tirer; le plus souvent, ils ne peuvent résister à l'attrait du porc et s'avancent à portée de fusil. A un signal donné, les chasseurs font une décharge générale, et tout disparaît comme par enchantement, sauf les morts et les blessés. Il est assez difficile de viser juste dans ces circonstances, même en mettant à part la sensation toute nouvelle qu'onéprouve en se voyant chassé par son gibier.

Les routes frayées dans la neige ne sont jamais parfaitement unies, et le traîneau est pour ainsi dire bercé par des cahots continus. C'est déjà une difficulté pour épauler; de plus, il faut tirer au galop, car si on s'arrête, les loups fuient avec la rapidité de l'éclair.

Quelques personnes sautent du traîneau lancé à toute vitesse; cela n'est pas facile à exécuter quand on est empaqueté dans un gros manteau fourré et d'énormes bottes également fourrées.

On prétend que les loups sont très-malins; pour ma part, je n'en crois rien : un jour j'attachai à ma corde deux bouchons de foin à environ 10 mètres

l'un de l'autre, pour voir ce que ferait le loup lorsqu'en arrivant au premier il trouverait une attrape
en place d'un cochon.

A ma grande surprise, un loup se jeta sur le premier bouchon, le flaira, et aussitôt, au lieu de tourner les talons, bondit vers le second. Avant de l'avoir
atteint, il avait reçu la juste récompense de sa stu-
pidité.

J'ai remarqué d'autre part que nous étions sûrs de
revenir bredouilles, quelque mélodieuse que fût la
voix de notre cochon, quand nous retournions dans
un endroit où nous avions déjà chassé, y eût-il huit
jours de cela; à moins toutefois que nous n'eussions
pas laissé échapper un seul blessé..

Le meilleur de tous les appâts est un chien vivant.
Cet animal exerce sur le loup un attrait irrésistible.
Si on pouvait dresser un chien à suivre un traîneau
à 20 mètres de distance, à aboyer en courant et à
se rapprocher peu à peu des chasseurs à mesure qu'il
se sentirait menacé, on serait sûr d'exterminer tous
les loups d'un canton.

Ces animaux font des courses énormes en quête de
nourriture. Je remarquai un jour un énorme loup,
qui se distinguait du reste de la bande par la manière
singulière dont il portait la moitié de queue qui lui

restait; la nuit suivante, je le revis à plus de dix
lieues de l'endroit où je l'avais aperçu la veille. Les
Russes ont aussi recours contre les loups à des battues pour lesquelles ils emploient quelquefois jusqu'à
deux cents rabatteurs. Mais rester à la même place
en attendant que le gibier vienne vous trouver m'a
toujours semblé un plaisir médiocre et froid.

Les loups sont difficiles à apprivoiser. J'ai essayé
plusieurs fois de prendre les louveteaux tout jeunes,
et n'ai jamais pu parvenir à aucun résultat; tous se
sont étranglés avec leurs colliers. Cependant on
réussit quelquefois. A Ekatérienberg, dans la cour
de la maison du chef du département des mines, sont
deux loups enchaînés qui servent de chiens de garde;
ils sont assez apprivoisés pour se laisser caresser par
ceux qu'ils connaissent.

Dans l'Oural on trouve des animaux que les gens
du pays appellent *chèvres sauvages*. Quoiqu'ils soient
fort communs, je n'ai pas été assez heureux pour en
voir; cependant je ne pense pas que ce soient des
chèvres; ils appartiennent plutôt à une variété de
daims. En effet, le chevreuil est très-abondant dans
les parties sud de l'Oural, vers Ufalleh.

Pour ce qui est du plaisir de la pêche à la ligne,
il faut s'en passer en Russie. Le poisson ne manque

pas, tant s'en faut, mais il ne vaut pas la peine d'être pris, à l'exception des brochets; or, comme les gros brochets habitent les lacs, qui sont toujours plus ou moins encombrés de racines et de souches, il est presque impossible de les prendre à la ligne. Votre fil se rompt si souvent que la peine passe le plaisir. Quelques torrents de l'Oural contiennent des truites noires ou truites de montagne, mais pas en assez grand nombre pour qu'il vaille la peine de les pêcher.

Plus loin encore, dans certaines parties reculées de l'Oural, se trouvent des ombres qui tenteraient les amateurs; c'est trop loin, n'en parlons pas.

Dans la plupart des rivières du nord et dans le Volga on trouve le sterlet, poisson d'une saveur exquise, mais dont la pêche n'offre aucun intérêt.

En dehors des espèces que je viens de mentionner, il n'y a en Russie que des poissons communs tels que des rougets, des gardons, des ablettes, etc.; ils sont du reste très-abondants dans les lacs et les rivières, et les Russes, qui en raison de leurs jeûnes perpétuels sont de grands mangeurs de poisson, en prennent des quantités énormes en toute saison et de toutes les façons; quand on a vu leurs filets faits d'écorce de platane, on est étonné qu'il reste des poissons en Russie et que tous n'aient pas encore pris le chemin de la poêle à frire.

La Néwa fournit en assez grand nombre d'excellents saumons qu'on prend au filet; la pêche à la ligne est impossible dans cette rivière.

Il y a aussi abondance de saumons dans la rivière d'Oural et dans plusieurs fleuves de la Sibérie; mais pour le moment ces régions sont trop éloignées et trop inaccessibles aux amateurs.

La Finlande possède beaucoup de truites.

Les Russes se servent très-adroitement du filet. On voit parfois sur un lac glacé tout un régiment de moujiks en mouvement; les uns prennent des mesures, d'autres pratiquent des trous dans la glace ou plantent çà et là des drapeaux rouges. L'opération se fait méthodiquement, d'après certains principes, et elle aboutit à prendre les poissons du lac jusqu'au dernier.

Presque tout le poisson qui fait le fond de la nourriture les jours de jeûne vient du bas Volga ou du Don inférieur; je parle des gros poissons tels que l'esturgeon, le beluga, l'accitrina, etc., qui pèsent jusqu'à 60 livres et au-dessus.

Dans la Russie, comme du reste dans tous les pays du Nord, l'usage de la pêche à la lance est fort répandu. L'été, par une nuit calme, asseyez-vous dehors et regardez les lumières qui se reflètent dans les eaux. Tout en admirant leur scintillement et en écoutant le chant plaintif des pécheurs (les chants russes ont tous un caractère plaintif qui leur est particulier), vous vous surprendrez à envier l'existence paisible et satisfaite du moujik.

Les jours fériés sont innombrables. A ne consulter que le calendrier, il y en aurait quatorze par semaine ; mais on les réduit dans la pratique à quarante par an, sans compter les dimanches. Le peuple ne sait pas s'amuser. Quelquefois, mais très-rarement, les jeunes garçons jouent à un jeu qui ressemble au hockey. Les filles se réunissent par groupes et répètent les chants nationaux d'un ton mélancolique. Les grandes personnes errent çà et là, absolument oisives ; elles s'asseyent devant la maison ou se couchent sur le ventre, croyant, suivant un préjugé oriental bizarre, que le repos leur nettoiera la tête. Quelques hommes ne manquent jamais d'aller s'enivrer au traktir. Comme tous les gens qui aiment à laisser leur ouvrage sous le plus léger prétexte, ils ne savent que devenir dès qu'ils n'ont rien à faire. S'ils avaient assez d'énergie pour s'amuser, ils n'auraient pas besoin de tant de jours de fête, et ils au-

raient honte de se livrer à la paresse et à la débauche
sous prétexte de religion. Le fait est qu'ils passent
les jours fériés dans une sorte d'engourdissement;
même pendant l'hiver, où il semble que le froid devrait les contraindre à se remuer pour se réchauffer,
ils flânent nonchalamment, n'ayant rien à dire, rien
à faire.

Si vous faites construire une montagne de glace
dite montagne russe, à de longs intervalles vous
apercevrez un individu au sommet; mais cela est
si rare que vous pouvez vous épargner cette dépense.

Comme dans tous les pays de l'Orient où le peuple
ne sait pas lire, la Russie possède ses conteurs de
profession; je ne puis dire que j'en aie rencontré
souvent, mais chaque fois que l'occasion s'en est
présentée, j'ai admiré la quantité de légendes et de
poëmes dont est meublée la mémoire d'un paysan.
Mes enfants venaient à chaque instant me répéter
quelque nouvelle histoire fantastique que leur nour-
rice leur avait contée.

Dans tous les rangs de la société, garçons et filles
manquent également de jeux propres à leur développer l'intelligence ou le corps. Ils ne connaissent
qu'un certain jeu de balle fort tranquille; quant à

une bataille entre enfants, c'est chose inconnue. Les garçons reçoivent une éducation trop efféminée, ainsi que j'en ai déjà fait la remarque dans un des précédents chapitres.

Le carnaval est l'occasion de grandes réjouissances. Dans les grands zavods (villages industriels), toute la population va se promener en voiture ; vous voyez défiler les véhicules les plus variés, depuis l'élégant traîneau de maître jusqu'à la lourde charrette de mineur. Le soir, chacun se déguise ; un premier groupe sort masqué d'une maison et fait le tour du village ; on danse, on boit et on raccole quelques recrues à chaque habitation.

Il y a trois ans, aux jours gras, j'ai reçu chez moi tout un grand zavod.

Les domestiques avaient décoré pour cette solennité la plus grande salle de la maison ; l'orchestre de l'endroit, composé d'un violon et d'un violoncelle, avait accordé ses instruments et attendait impatiemment l'entrée des premiers masques. Un montreur d'ours et son ours parurent d'abord. L'homme avait le costume de sa profession et tenait à la main le tam-tam traditionnel ; l'ours portait sa peau comme aurait pu le faire Martin en personne. C'étaient deux de mes dvorniks ou portiers.

Ils furent suivis par une foule d'autres masques. D'abord un petit personnage à la physionomie féroce, revêtu d'un uniforme qui faisait penser à un postillon plutôt qu'à un soldat ; il était armé d'une épée qui, d'après lui, avait décapité nombre de Turcs dans la guerre de Crimée, et d'un casque qu'il prétendait avoir enlevé à un dragon anglais, mais qui en réalité appartenait au pompier qui se tenait debout, tête nue, à la porte. C'était chose impayable de voir ce guerrier courtois déguster un verre de champagne en donnant le bras à un domino en gants blancs. Qui n'apprendra avec surprise que c'était le fils de mon sommelier, un simple magasinier gagnant à l'usine 15 fr. 50 par semaine ? Quant à sa belle compagne, c'était une de nos servantes. Bientôt l'orchestre prélude et les moujiks prennent position pour exécuter un quadrille à la française. Ils le dansent gravement et sérieusement, sans bruit et sans gestes vulgaires, en un mot, avec toute la solennité qui doit présider à cette opération.

Le quadrille terminé, une femme consentit à chanter, sur les instances de l'assistance. Accompagnée par un piano, elle exécuta avec justesse et sentiment, et d'une voix fort harmonieuse, une mélodie russe d'un caractère mélancolique. Cependant ma maison

10

était pleine de villageois qui ne cessaient d'entrer et de sortir. Un buffet avait été dressé et couvert de friandises et de rafraîchissements, y compris du champagne; pas plus là qu'ailleurs il n'y avait de presse ni de tapage. Depuis le commencement de la fête jusqu'à la fin, la décence et la bonne tenue furent exemplaires. Il n'y avait pourtant pas moins de deux cent cinquante masques dans la maison, et tous avaient été serfs. Un Anglais qui se trouvait chez moi me dit : « C'est la chose la plus extraordinaire que j'aie jamais vue! »

Le peuple est aussi très-grand amateur d'illuminations.

Le jour de Pâques, les églises sont couvertes de lampions qui en reproduisent les lignes architecturales en traits de feu et font un effet charmant.

Les prêtres ne prennent aucune part à cette décoration, qui est entièrement due aux soins du peuple. Le maire fait une collecte pour recueillir la quantité de suif nécessaire.

Les bazars — c'est le nom que donnent les Russes à leurs marchés hebdomadaires — offrent un spectacle intéressant. Ils se tiennent habituellement le dimanche, dans le plus gros bourg du pays, à cinquante verstes à la ronde. Notre village, qui était le

plus grand centre industriel de la région que nous
habitions, possédait un des bazars les plus importants de la Russie; c'était toujours le dimanche qu'a-
vait lieu cette sorte de foire, qui attirait chaque
semaine près de cinq mille étrangers.

L'affluence était plus considérable en hiver qu'en
été, parce que les routes étaient meilleures. Ceux qui
n'ont pas d'affaires viennent comme les autres, pour
bavarder un peu avec leurs amis et connaissances et
pour voir le « monde ». Paysans endimanchés, femmes
aux costumes voyants, couvrent les routes qui rayon-
nent dans la direction du marché. Avant d'arriver au
bazar, les femmes s'asseyent pour changer de bas et
de souliers; le soir, en revenant, elles s'arrêteront au
même endroit pour remettre leurs chaussures sales.

On trouve exactement de tout dans ces bazars;
non-seulement des victuailles, mais encore des vêtements et en général tout objet pouvant être utile
soit aux campagnards, soit aux membres de la classe
moyenne, jusqu'à des jeux de société et à des petits
meubles d'ornement. L'industrie nationale fournit
quelques produits remarquables. Les articles de po-
terie tels que les cruches, les jattes et les pots, sont
souvent modelés d'après un type qui se transmet de
père en fils depuis nombre de générations, et qui af-

fecte des formes tout à fait classiques. Ces poteries
sont délicatement peintes à la manière orientale. On
fabrique aussi de grandes belles tasses de bois,
comme celles qui servent au moujik pour tous les
usages domestiques; seulement celles dont je veux
parler ici sont soigneusement peintes et vernies, ce
qui leur enlève l'aspect propre et séduisant des tasses
communes en bois blanc.

Remarquons encore des baquets de bois préparés
comme la laque du Japon, avec laquelle ils pourraient
presque rivaliser, et d'autres objets de bois peint,
à l'aspect antique, qui se fixent au sommet des rouets.
Parfois, au milieu d'autres curiosités, vous trouvez
quelque vieille et baroque image de saint; elle n'est
jamais à vendre — ce serait une impiété; — mais
le marchand l'*échangera* volontiers contre d'autres
marchandises, voire contre de l'argent. Il se consomme dans ces réunions beaucoup de vodka; mais
le Russe conserve en buvant sa gaieté et sa douceur — en quoi il peut servir d'exemple au paysan
anglais; jamais de vacarme, jamais de rixe; ceux qui
ne sont pas occupés à vendre ou à acheter, discutent
les affaires de leurs villages respectifs.

On apporte à ces foires beaucoup de grains, de se-
mences et d'autres produits agricoles; c'est là que

s'approvisionnent les petits commerçants et que s'achétent de première main les marchandises qui finissent par être exportées.

Le paysan est très-honnête en affaires; il vendra toute une cargaison d'étoffe sur un seul petit morceau, et ce qu'il livrera sera toujours d'aussi bonne qualité que l'échantillon. En ceci, il peut aussi servir de modèle au paysan de bien d'autres pays. Les bazars ou la place qu'ils occupent appartiennent généralement aux propriétaires du village, qui perçoivent un léger droit pour chaque charrette qui entre, et louent aux vendeurs l'emplacement occupé par leurs marchandises.

Souvent le terrain est affermé à un spéculateur qui le sous-loue.

Le propriétaire du sol jouit d'un autre privilége, celui de vendre des licences aux marchands de vodka; ceux-ci n'obtiennent une patente du gouvernement qu'en produisant la licence du propriétaire, qui la fait payer fort cher dans les endroits où l'argent est abondant.

Les seules licences pour le vodka produisaient annuellement plus de 6,000 fr. dans notre village, dont la population fixe ne se montait pas à plus de quatre mille âmes.

10.

La variété des objets qu'on trouve à acheter dans ces foires est véritablement étonnante. Je connais un bourg de quatre mille habitants, situé à plus de trois cents lieues de Saint-Pétersbourg, où on vend de tout, depuis du velours noir, du drap anglais et des soieries françaises, jusqu'à des truffes, du laffite et des cigares fins !

CHAPITRE VII.

COMMERCE ET INDUSTRIE.

Il y a cinquante ans, l'industrie la plus importante en Russie était celle des métaux. Qu'il me soit permis d'en retracer les commencements en quelques mots.

Vers la fin du dix-septième siècle vivaient à Toula deux forgerons qui avaient entendu parler d'énormes gisements de fer situés presque à fleur de sol dans toutes les parties de l'empire; on ajoutait que des forêts immenses, inépuisables, fourniraient le combustible, et que le gouvernement accorderait de grands priviléges à ceux qui entreprendraient de tirer parti de ces richesses.

Ces forgerons s'appelaient Demidoff et Botacheff, deux noms devenus familiers à tous les Russes. C'étaient des hommes de génie, doués en outre d'une rare énergie; quand on considère ce qu'ils ont fait et les difficultés qu'ils ont dû surmonter, on ne sait ce qu'on doit admirer le plus, de la hardiesse et de l'élévation de leurs conceptions, ou de la patiente énergie et de la constance dont ils ont fait preuve dans la pratique. Tous deux ont presque également réussi.

Demidoff fonda un premier établissement à Néviansk, dans le nord de l'Oural; au bout de peu de temps, il avait établi des hauts fourneaux et des forges dans tous les lieux où l'on pouvait se procurer de l'eau.

Je ne crois pas qu'aucun document authentique donne le nombre précis des fonderies de fer construites par Demidoff. Quant à Botachef, qui suivit ses traces de près, il est avéré qu'il laissa en mourant vingt-cinq hauts fourneaux importants, exploitant quelque chose comme un million et demi d'acres et occupant plus de cinquante mille ouvriers.

Après la mort de Demidoff et de Botacheff, leurs domaines furent divisés, agrandis par leurs successeurs, puis redivisés à la génération suivante; ils furent pour ainsi dire les troncs d'où sortirent les nombreux rameaux qu'a poussés en Russie l'industrie du fer. L'exploitation des mines de cuivre remonte à une date relativement récente. La mine de Nijni-Taghilsk, maintenant si célèbre et la première qui ait

eu de l'importance, ne fut ouverte qu'en 1814. Elle
est située sur l'emplacement d'un des établissements
construits par Demidoff, et appartient encore de nos
jours aux descendants de celui-ci. On ne tarda pas à
s'apercevoir que tout le versant oriental de l'Oural,
depuis un point situé au nord de Taghilsk jusqu'à
Orenbourg au sud, renferme en abondance du minerai de cuivre. Aussitôt des mines furent ouvertes
et des usines construites tout le long de la chaîne.

Tels furent l'origine et les progrès de l'industrie
métallurgique en Russie. Il nous reste à raconter sa
décadence et sa chute, car elle est actuellement bien
tombée. Les descendants immédiats des deux forgerons étant puissamment riches, jugèrent inutile de
continuer les travaux de leurs pères. Possesseurs
d'une influence considérable, ils furent anoblis et
élevés aux plus hautes dignités par le gouvernement
impérial. Ils négligèrent alors les sources de leur
fortune et abandonnèrent l'exploitation des mines
à des subordonnés qui les ruinèrent. Peu à peu, des
établissements rivaux se fondèrent et leur firent concurrence ; il s'ensuivit une baisse sur le prix des métaux, et par conséquent une diminution de revenu
pour les deux familles en question ; mais elles avaient
pris l'habitude de vivre en grands seigneurs et ne

surent ni conserver aux mines leur valeur, ni ré-
duire des dépenses personnelles désormais· exagérées. Bientôt elles empruntèrent sur hypothèque des
sommes considérables, surtout à l'État, mais aussi
aux particuliers.

Avec ce système, les Demidoff et les Botacheff ne
tardèrent pas à être embarrassés pour payer les intérêts au fur et à mesure des échéances ; le gouvernement se hâta d'en profiter pour mettre la main sur
les propriétés des familles insolvables ; il les exploite
lui-même par l'entremise d'un comité de surveillance
dit le *tuteur ;* cette exploitation est soi-disant au profit
du propriétaire, mais en réalité ce système n'a d'autre but que de garantir les intérêts de l'État. A partir
du jour où il fut adopté, les familles des anciens mineurs marchèrent rapidement vers une ruine qui,
pour certains de leurs membres restés propriétaires
nominaux de vastes domaines, est devenue complète.

Jamais les mines n'ont prospéré sous la tutelle
gouvernementale, qui amène invariablement la diminution des bénéfices et la décadence des usines.

Chaque année le département des mines, qui possède pourtant plusieurs des établissements les mieux
situés de l'empire, constatait un accroissement de
déficit.

Cet insuccès doit être naturellement attribué à la corruption de toute l'administration russe. Les mines donnaient en réalité de gros bénéfices, mais l'argent qu'elles rapportaient n'entrait jamais dans les caisses de l'État. Suivant l'usage, les employés étaient trop peu payés, et par conséquent uniquement préoccupés du soin de s'assurer des moyens d'existence en prélevant des *commissions* sur les affaires qui leur passaient par les mains. C'est là un système déplorable, car il est difficile de condamner des gens quand on sait que leurs appointements ne leur donnent littéralement pas de quoi vivre. J'ai connu personnellement plusieurs hauts fonctionnaires appartenant à ce département, qui employaient toute leur énergie à empêcher les honteux trafics de leurs subordonnés ; mais ils étaient trop peu nombreux et disséminés sur une trop vaste étendue de territoire pour que leurs efforts fussent récompensés.

Tout ce système de l'État *industriel et commerçant* est vermoulu. Quand il se rencontre par hasard un directeur capable et désireux de faire son devoir, il est tellement entravé dans ses efforts par les bureaucrates qu'il finit par céder au dégoût et au découragement. Un homme parfaitement honorable du reste, me disait, en me faisant visiter l'usine qui lui était confiée :

« Il ne faut pas vous attendre à voir ici des produits aussi perfectionnés que les vôtres. Le gouvernement ne nous encourage guère à nous donner de la peine. J'ai travaillé toute ma vie pour arriver péniblement à ma position actuelle, qui me vaut 250 fr. par mois, et toute la responsabilité pèse sur moi. Je m'arrange pour que l'usine fasse ses frais ; c'est tout ce qu'il me faut ; elle gagnerait deux fois plus que je ne recevrais même pas un remercîment pour ma peine. »

Ce sentiment peut être plus ou moins honnête, mais il est extrêmement naturel. Il est de règle ou d'usage que le directeur d'une entreprise industrielle pour le compte du gouvernement ne conserve sa place qu'autant qu'il parvient à « joindre les deux bouts » ; mais le jour où il demande du secours, quelque méritant ou quelque capable qu'il soit, on le remplace. Aussi les directeurs d'établissements improductifs ont-ils recours aux procédés les plus ingénieux pour parvenir à balancer leurs comptes. D'après des renseignements qui me furent donnés à une usine du gouvernement, construite originairement par le grand Demidoff et devenue une très-mauvaise spéculation, je calculai que le fer qu'on y fabriquait devait revenir beaucoup plus cher qu'on ne pouvait le vendre. Je demandai des explications au

directeur. Il convint sans difficulté que l'usine était
ruinée sans retour.

« Cependant, ajouta-t-il, elle rapporte au gouvernement. »

Étonné, je le pressai de questions.

« Mes hauts fourneaux ne donnent rien ; mais mon
frère est directeur de forges appartenant à l'État,
assez près d'ici, et il m'achète mon fer brut. »

Effectivement, son frère lui achetait son fer brut
le double de la valeur réelle, de manière à lui permettre de couvrir son déficit et de compter en outre
à l'État des bénéfices imaginaires ; de la sorte il con-
servait sa place, quitte à faire subir annuellement au
gouvernement une perte énorme. Ces abus méritent
d'attirer sérieusement l'attention, à cause de la
grande importance qu'offre en Russie, au point de
vue politique, la question métallurgique. Toute une
population, dispersée sur une vaste étendue de territoire, ne vit que par les mines.

Depuis plusieurs générations, les hommes sont mineurs de père en fils ; ils ne connaissent pas d'autre
métier et ne sont bons qu'à cela. Tant qu'il y a de
l'ouvrage aux mines et aux fonderies, le peuple est
content et à l'aise ; du jour où le travail manque, il y
a famine, mécontentement et enfin émeute. Les trou-

bles qui se sont produits tout récemment dans quelques parties de la Sibérie n'avaient pas d'autre cause. Les paysans ont refusé de payer l'impôt. Dans un grand village zavod dont la population s'élève à douze mille âmes, l'agitation a pris un caractère sérieux. Plusieurs centaines d'ouvriers qui s'opiniâtraient à ne pas acquitter leurs contributions alléguèrent « que cela leur avait été défendu par un homme qui leur avait fait voir un livre imprimé en lettres d'or ».

Ces gens-là dépendaient d'un des établissements qui sont en train de se ruiner sous la tutelle de l'État. Si les travaux avaient été convenablement dirigés, les ouvriers n'auraient pas eu le temps de s'occuper de pareilles billevesées.

Le gouvernement a ouvert les yeux sur la nécessité d'introduire des réformes radicales dans le département des mines, et il est décidé à se défaire non-seulement des établissements privés sur lesquels il avait hypothèque et qui sont tombés de la sorte entre ses mains, mais encore de ceux que l'État avait créés lui-même; il n'en conservera qu'un ou deux qui lui sont utiles comme arsenaux.

Les usines métallurgiques revêtent en Russie une physionomie à part qui leur est entièrement propre; établies sur une échelle gigantesque et observant un

modus operandi particulier, elles constituent de véritables institutions nationales.

Beaucoup d'entre elles exploitent des terrains qui
ont depuis 300,000 jusqu'à 1,500,000 acres anglais
d'étendue; les bâtiments s'élèvent çà et là dans des
endroits favorablement situés. Il se forme ainsi de
petites principautés contenant de nombreux villages
dont les habitants ne vivent que par les mines. On
comprend que le propriétaire d'un domaine semblable exerce une influence énorme sur le sort de la
population placée dans sa dépendance. De la manière
dont sont dirigées les usines dépendent le bonheur
ou le malheur des ouvriers et de leurs familles.

Jadis le barine vivait princièrement; son palais,
ses jardins magnifiques étaient situés dans un parc
immense dessiné avec un goût exquis. Il construisait
à grands frais des serres chaudes, des serres à raisins
et des orangeries. Souvent il avait son théâtre et son
orchestre particuliers.

J'ai connu pour ma part un maître de forges de
la dernière génération qui entretenait une troupe
d'acteurs et d'actrices choisis parmi ses propres moujiks; il les envoyait faire leur éducation dramatique à
Moscou et à Saint-Pétersbourg; sa troupe ne jouait
que sur son propre théâtre. Au temps où il y avait

des serfs, un tel homme était aussi despote que les rois dont il imitait la pompe, et jouissait d'un pouvoir illimité et irresponsable sur ses humbles sujets. La condition de ceux-ci dépendait donc du caractère ou des caprices du maître. Certains propriétaires se montraient cruels; d'autres, au contraire, gouvernaient leur peuple avec une douceur et un tact qui ne laissent pas d'étonner chez des gens élevés comme ils l'étaient.

Comme exemple de cruauté, je puis citer un homme qui fut enfermé dans une cage de fer pour avoir offensé son maître. Il y resta longtemps; à la fin, pendant une absence du propriétaire, l'histoire vint aux oreilles du gouverneur de la province. Celui-ci se fit apporter l'homme et sa cage, et dépêcha un messager à la rencontre du tyran, qui revenait de voyage, avec ordre de l'inviter à dîner. Le propriétaire, flatté de cette politesse, accepta volontiers et se présenta au jour dit à l'hôtel du gouverneur. Il était alors de mode en Russie d'élever des cailles, dont le chant était fort apprécié des connaisseurs. Le gouverneur en possédait une collection très-renommée — le dîner était bon et les convives fort gais. Quand on eut ôté la nappe, l'amphitryon s'adressant à son hôte :

« Ivan Simonovitch, dit-il, je sais que vous êtes grand amateur de cailles; j'ai un sujet rare que je vous vendrais volontiers.

— Parfait, Excellence; si ce n'est pas trop cher, je vous l'achète.

— Apportez la caille », dit le gouverneur aux domestiques.

On apporta un oiseau d'espèce vulgaire, enfermé dans une cage de bois.

« Je vous vendrai cet oiseau 10,000 roubles. »

Le maître de forges ne comprenait rien à cette plaisanterie; il se récusa poliment; le prix lui paraissait un peu trop élevé.

« Eh bien, je vais vous en montrer un autre qui vaut mieux que celui-là; je suis persuadé que vous ne refuserez pas de me l'acheter. Faites apporter l'autre caille. »

La porte s'ouvrit à deux battants, et on déposa devant l'hôte surpris la cage de fer contenant l'infortuné captif.

« Que vous semble de cette caille-ci? demanda le gouverneur; je vous préviens que c'est un oiseau qui revient très-cher; je ne vous le céderai pas à moins de 20,000 roubles.

— Marché conclu, se hâta de dire le propriétaire

effrayé; je vous l'achète; envoyez-le chez moi sans la cage, et je remettrai l'argent au commissionnaire. »

La chose fut ainsi réglée sous cette forme plaisante, et la compagnie passa paisiblement au café et aux cigares. L'histoire ne dit pas si le pauvre paysan eut sa part des 20,000 roubles.

Les gisements d'or sont assez importants pour exercer une influence notable sur la richesse future de la nation.

Jusqu'à ces derniers temps, la couronne, comme propriétaire du sol, se réservait le monopole de l'exploitation des terrains aurifères dans une grande partie de l'empire; il en résultait que la besogne était mal faite; l'or était ou volé, ou, ce qui est encore pis, mal lavé et gaspillé.

Nos réflexions nous ont convaincu que pour l'industrie de l'or comme pour toute autre, la liberté du commerce et la suppression des entraves absurdes qui arrêtent l'essor des entreprises privées produiront un accroissement de la fortune publique dont personne, pas même un Russe intelligent, ne peut calculer l'étendue.

L'Angleterre parle avec orgueil de son fer; j'ai montré que la Russie n'était pas moins riche qu'elle à cet égard, et il me serait facile de faire voir qu'elle

rivalise aussi avec nous sous d'autres rapports. En
effet, toutes les variétés de houille se trouvent abondamment sur son vaste territoire, depuis le charbon
noir de la Kama, près de Perm, jusqu'aux immenses
gisements du bassin du Don; depuis l'anthracite de
la mer d'Azov jusqu'au charbon de terre commun
dont on retire le gaz et qui se trouve dans le Caucase
et sur les bords de la mer Caspienne. C'est grâce à de
semblables accumulations de richesses que la Grande-
Bretagne a pris le premier rang parmi les nations
commerçantes, et ceux qui observent les progrès de
la Russie peuvent lui prédire une ère de prospérité
non moins grande.

L'industrie fait de rapides progrès; il est digne de
remarque que l'ouvrier russe, qui imite si bien un
modèle quelconque, manque complétement d'initiative. Cependant il est certaines industries où les
Russes excellent.

Leurs cotonnades imprimées, par exemple, son
bien faites et d'un bon dessin; elles sont renommées
dans tout l'Orient, jusque dans l'Asie centrale et en
Chine.

Ils ont aussi perfectionné leurs lainages et sont parvenus à produire un bon drap qui a supplanté le
drap anglais sur plus d'un marché de l'Asie.

La Chine, l'Afghanistan, la Perse et le nord-ouest de l'Inde s'habillent avec des tissus russes que les Orientaux estiment tout autant que les tissus anglais; ils sont moins solides, mais infiniment moins chers.

L'orfévrerie russe est renommée dans l'univers entier pour son élégance et sa beauté. Le cuir de Russie n'a pas de rival. Telle est la souplesse du génie industriel en ce pays, qu'il serait difficile de citer un objet d'invention moderne qui ne se fabrique pas quelque part dans l'empire.

N'oublions pas que l'industrie russe date tout au plus de cinquante ans. Tant qu'elle a été au berceau il lui a fallu le secours d'un système protecteur; mais elle est à présent assez développée pour lutter contre la concurrence étrangère et pour supporter l'introduction du libre échange.

Les grandes foires annuelles de Nijni-Novgorod et d'Irbit regorgent des produits des manufactures russes. A Nijni seulement, le chiffre des transactions dépasse 400 millions.

Le gouvernement cherche à stimuler le commerce et à encourager l'industrie par tous les moyens en son pouvoir; des tarifs douaniers plus libéraux obligent le fabricant à lutter contre la concurrence étrangère et la Russie redouble d'efforts afin de se suffire à elle-même et de ne plus être obligée de recourir aux autres pays pour les objets usuels.

Les anomalies qu'on remarquait partout tendent à disparaître. Autrefois, on expédiait d'un même endroit les peaux brutes et les écorces à une foire éloignée, à Nijni par exemple (une fois par an bien entendu); de là, les peaux allaient se faire tanner je ne sais où et elles retournaient sous forme de cuir à leur premier point de départ après avoir parcouru des centaines de lieues.

Le suif était transporté à mille verstes du lieu de production, où il revenait transformé en chandelles. Le peuple commence à présent à se remuer et de nombreuses usines sont en voie de construction. Les Russes sont propres à tous les métiers. Un Anglais, directeur d'une fabrique de papier que je fus étonné de trouver au milieu des montagnes de l'Oural, me racontait qu'en Angleterre il fallait plusieurs années d'apprentissage pour former un bon ouvrier en papier, mais qu'un Russe en apprenait autant en trois mois qu'un Anglais en trois ans.

Quoique presque toutes les manufactures impor-

11.

tantes soient aux mains de gens du pays, on peut
poser en principe que les Russes n'aiment pas à
fonder une industrie nouvelle; ils ne s'y hasardent
qu'avec hésitation; c'est pourquoi il est fort désirable
que le gouvernement attire des industriels étrangers,
car j'ai remarqué que quand ils ont donné l'exemple
les Russes les suivent, mais que ceux-ci ne prennent
jamais les devants.

Il fut un temps où les directeurs et les contre-
maîtres des usines russes étaient presque tous des
Anglais ou des Allemands; mais à mesure qu'ils s'é-
tablissent à leur propre compte, ils sont graduelle-
ment remplacés par des gens du pays. Cela devait
être, car il est hors de doute qu'en général un ouvrier russe aime mieux avoir affaire à un patron de
sa nation qu'à un étranger.

Les objets manufacturés sont bon marché et il est
différents articles que la Russie peut livrer à des
conditions plus avantageuses, à qualité égale, que
les autres nations. En général, elle produit surtout
les qualités inférieures; aussi a-t-elle tort de considérer l'Occident comme son meilleur débouché,
tandis que ses produits conviennent particulièrement
à l'Orient.

Le développement de l'industrie a pour conséquence naturelle d'accroître le chiffre de l'exportation, ainsi que celui de l'importation des matières premières.

Un meilleur système de transactions a été adopté; les crédits accordés sont moins longs et la confiance grandit visiblement chez les négociants.

Il faut dire à la louange de la probité russe qu'il était rare que les échéances à long terme amenassent des abus. Le négociant qui faisait affaire avec un marchand venu de l'intérieur des terres, lui escomptait souvent d'avance toute la somme convenue. Le vendeur partait pour aller à des centaines de lieues réunir ses marchandises ; on ne le revoyait guère que l'année suivante, quand il apportait sa cargaison, et il est presque sans exemple qu'il ait manqué à la parole donnée. Les marchandises importées se vendaient généralement avec des crédits de quinze ou dix-huit mois. Maintenant encore aux foires de Nijni-Novgorod, celles qui se livrent sur la place son payables l'année suivante.

Il était impossible de faire autrement en l'absence de chemins de fer; les marchandises mettaient si longtemps à arriver à destination qu'il fallait un an à l'acheteur pour les recevoir.

Les usines se servent maintenant de machines fabriquées dans le pays. Certaines industries, qu'on avait déclarées fort au-dessus de la portée de l'intelligence des Russes, sont heureusement lancées, et le commerce prospère comme il n'avait jamais prospéré. Depuis la guerre de Crimée, le chiffre des échanges avec l'extérieur n'a pas cessé d'augmenter annuellement, malgré des tarifs douaniers plus élevés que ceux d'aucun autre pays de l'Europe ; cela suffit pour montrer la vitalité de l'empire. J'ai toujours été d'avis que la construction de chemins de fer dans le sud de la Russie aurait une influence considérable sur le prix du blé dans l'ouest de l'Europe et créerait une concurrence redoutable à l'Amérique en ce qui touche l'importation du froment en Angleterre. C'est à peine si les chemins de fer ont eu le temps de produire quelque effet, et pourtant la quantité de blé importée dans la Grande-Bretagne par la Russie a augmenté d'un tiers en un an.

Pour un seul objet de consommation, le sucre de betterave, la Russie est le pays qui possède le plus grand nombre de fabriques. Vous me répondrez que cela était forcé, les droits qui frappent le sucre étranger à l'entrée équivalant à une prohibition. J'admets

cela ; mais il n'en reste pas moins prouvé que les
Russes peuvent tenir la tête pour une certaine industrie : pourquoi ne la tiendraient-ils pas pour
d'autres?

En 1866, on a importé en Russie pour 7 millions
de roubles de sucre. En 1870, ce chiffre était tombé
à 800,000.

Voyez ce qu'ils ont fait pour les filatures de coton ;
ils en ont maintenant plus de trois cents, qui emploient quelque chose comme quatre cent mille balles
de coton par an. L'importation du coton brut a augmenté d'un quart de 1868 à 1869.

Leurs cotonnades leur font honneur ; l'impression
en est superbe et les dessins fort élégants. Je crois
qu'à qualité égale leurs dessins sont plus beaux et
plus nets que les nôtres, et que leurs couleurs sont
tout aussi bon teint.

L'industrie de la soie a pris un grand développement; elle ne possède pas moins de deux cents manufactures à Moscou et dans les environs. Les produits de ces fabriques sont en général inférieurs à
ceux des autres pays; cependant le satin de Moscou
ne le cède pas au satin français lui-même.

Les différentes branches du commerce sont toutes
en voie d'accroissement; il est impossible de ne pas

être frappé, en voyageant, des facilités que l'établissement de communications rapides offre à l'exportation, particulièrement pour certaines marchandises telles que la graine de lin, ·le chanvre, la cire, la graine de navette, les suifs, les cuirs, etc.

Beaucoup de villes possèdent maintenant des maisons de banque ; la banque impériale multiplie ses succursales ; tout cela contribue à donner une vive impulsion au commerce en facilitant la circulation de l'argent. Autrefois les banquiers étaient si rares et si éloignés les uns des autres, qu'il était extrêmement difficile de se procurer de la monnaie, même de la monnaie de papier ; c'était une grande gêne pour les petits négociants.

C'est par soi-même qu'il faut étudier les progrès d'une contrée comme la Russie ; ne consultez pas les statistiques, qui sont forcément incomplètes. Le pays est si vaste et la plupart des fonctionnaires sont si ignorants, que les rapports officiels contiennent souvent les absurdités les plus risibles.

J'ai toujours remarqué que le degré de perfection des petits objets usuels donnait la mesure de l'état de l'industrie dans un pays quelconque ; c'est pourquoi, bien que cela puisse paraître oiseux à plus d'un lecteur, je mentionnerai la coutellerie commune, les épingles, les rubans de fil, les cotonnades, les portes et les agrafes, les élastiques et même les allumettes, comme s'étant beaucoup perfectionnés depuis quelques années.

CHAPITRE VIII.

Avant l'introduction des chemins de fer, la Russie jouissait déjà d'un réseau de voies navigables très-complet. La plupart de ses rivières étaient réunies par un système de canaux si parfait, qu'on pouvait transporter directement et à peu de frais les grains des provinces méridionales jusque dans le nord de l'Europe, et les productions minérales de la Sibérie jusqu'au port de Cronstadt. Les mêmes barques qui avaient chargé des métaux au pied des montagnes de l'Oural pouvaient à leur choix déposer leur cargaison à Cronstadt ou à Astrakhan. Sauf quelques petites lacunes, dont la principale était celle de la région de l'Oural depuis Tumen en Sibérie jusqu'à la rivière Kama en Europe, les communications par eau étaient faciles d'un bout à l'autre de l'empire, c'est-à-dire entre la Néva et l'Amour, entre la mer Noire et la mer du Japon! Le thé et les autres produits chinois accomplissaient par eau la plus grande partie de leur trajet à travers la Russie; les nations qui s'étendent le long des frontières de l'est et du sud-est fournissaient aussi un aliment considérable à l'industrie des transports.

Cette méthode avait l'avantage du bon marché; elle était parfaite au temps de nos grands-pères; cependant le retard que subissait la livraison des marchandises de grande valeur était une entrave considérable au commerce. Aussi, quand le moment fut venu, l'opinion se prononça énergiquement en faveur des chemins de fer; depuis quelques années elle reçoit satisfaction, plus complétement même qu'on ne pouvait l'espérer.

Le premier chemin de fer, celui de Saint-Pétersbourg à Tsarskoé-Sélo, commencé en 1836, n'est qu'une ligne insignifiante. Il a été suivi, en 1837, par celui de Pétersbourg à Moscou, et en 1859, par celui de Varsovie à Vienne. Ainsi, en vingt ans, on n'avait construit que 350 verstes de voie ferrée. Mais, depuis 1861, les Russes font en sorte de rattraper le temps perdu. En dix ans, 10,000 verstes de voie ferrée ont été livrées à la circulation, et 4,000 autres verstes sont en cours de construction, ce qui fera un total de 12,000 kilomètres.

Il n'est pas douteux qu'une des causes qui ont favorisé la construction de ces lignes a été la fièvre de spéculation qui régnait il y a deux ans à la bourse de Saint-Pétersbourg, et l'engouement du public pour les actions des compagnies de chemin de fer. Je citerai comme preuve à l'appui, le chemin de Kineshma-Ivanovo qui ouvrit une souscription pour douze mille actions et reçut des demandes pour trois millions et demi, et la compagnie Dvigatel, destinée au transport des marchandises, qui fit appel au public pour 500,000 roubles et se vit offrir 64 millions versés comptant.   .

Les chemins de fer sont maintenant en pleine activité de Saint-Pétersbourg à Odessa, à Azof, au Volga, à travers les provinces de la Russie centrale qui produisent le plus de blé. On a ouvert des lignes directes entre Moscou et l'Europe occidentale. La Pologne est traversée par des voies ferrées, et les grands marchés de céréales de Morchansk et de Rybinsk sont reliés aux ports d'expédition. Ces lignes ont donné au commerce des grains une impulsion qui influe sur le prix du pain dans l'ouest de l'Europe. Quand on aura comblé la lacune que j'ai signalée — du Tobol en Asie à la Kama en Europe, — l'océan Atlantique communiquera avec le grand Océan à travers la Russie. La ligne qui se construit maintenant dans les steppes, du côté d'Orenbourg, facilitera les communications avec l'Asie centrale.

Le chemin de fer du Caucase reliera la mer Noire à la mer Caspienne et mettra la Perse en communication plus intime avec l'Europe méridionale, tandis que celui de la mer Caspienne à la mer d'Aral permettra d'aller en peu de temps de Saint-Pétersbourg à Khiva. Ces lignes ne sont qu'en projet; mais quand elles auront été exécutées, elles augmenteront énormément l'influence de la Russie sur le commerce et la politique de l'Asie.

La navigation fluviale est également en progrès : chaque année le nombre des bateaux à vapeur s'accroît; les étrangers seraient étonnés de l'élégance et du confort dont jouissent les passagers sur les steamers du Volga qui font le voyage de Tzaritzyn ou même celui d'Astrakhan.

Les remorqueurs ont détrôné le système qui était autrefois en usage sur les rivières, système grossier et d'une étrange lenteur. Imaginez un grand bateau avec une maison sur le pont pour loger le capitaine et sa famille, et une sorte d'auvent à l'arrière pour abriter les matelots. A l'avant se trouve un énorme cabestan manœuvré tantôt par des hommes, tantôt

par des chevaux. Une grosse ancre est placée sur une
allége qu'on conduit à force de rames en avant du bateau. Là on jette l'ancre par-dessus bord. Elle est
retenue par un gros câble sur lequel on hale au moyen
du cabestan jusqu'à ce que le bateau soit arrivé à
l'ancre, qu'on relève alors pour la transporter un
peu plus loin; c'est par ce moyen fastidieux qu'on
faisait avancer les bateaux sur toutes les rivières.
Ce système n'est pas encore complétement abandonné
même aujourd'hui ; mais il fait place de plus en plus
au remorquage ou à la traction par des chevaux placés sur la rive.

Les bateaux sont très-grands; beaucoup d'entre
eux ne portent pas moins de 800 tonneaux.

Pour le halage par chevaux, les conventions se
font d'une façon assez curieuse. Les propriétaires de
barques parcourent la campagne pendant l'hiver et
font marché avec des villages entiers dont chacun doit
fournir un certain nombre d'hommes et de chevaux.
Il ne reste dans les foyers que le nombre de bras indispensable pour la fenaison et la moisson; tout le
reste s'embarque pour toute la saison. La paye est très-
maigre ; mais le paysan est séduit par une certaine
somme qu'on lui donne comptant au moment de la
conclusion du marché et dont il profite pour s'amuser

et pour se livrer à la fainéantise pendant quelques jours. Le printemps arrive, il faut aller travailler aux bateaux. A la fin de la campagne, il revient sans posséder un copeck de plus qu'au moment de son départ.

Le commerce intérieur par bateaux et par steamers est très-lucratif et très-recherché. Il n'est pas rare de voir un steamer rapporter en une seule année ce qu'il a coûté.

Aujourd'hui les bateaux à vapeur sont presque tous construits en Russie. On a établi de vastes chantiers sur les principales rivières, et comme le fer russe est d'excellente qualité, on peut en faire de très-bons navires. La plupart des steamers sont grossièrement faits parce qu'ils ne sont destinés qu'au remorquage ; mais les services qu'ils rendent n'en sont pas moins grands, et leur nombre s'accroît chaque année.

Tous les chantiers de construction situés sur les rivières ont plus de commandes qu'ils n'en peuvent exécuter : aussi en établit-on de nouveaux sur les rivières de Sibérie. Si le nombre des bateaux à vapeur augmente aussi vite dans ce pays qu'en Russie, le mouvement des affaires y deviendra prodigieux.

Les moindres rivières de l'empire ont une cause de supériorité sur celles des pays plus chauds. Bien qu'en été elles ne puissent porter une barque ordinaire, au

printemps le volume de leurs eaux est tellement
accru par la fonte des neiges qu'on peut y naviguer
avec les plus grands bateaux. C'est une chose surpre-
nante de voir avec quelle précision et quelle facilité les
paysans manœuvrent ces lourdes barges.

Le fret est très-peu élevé, car le bois de construction ne coûte rien et la main d'œuvre presque rien.

Les marchandises parcourent la distance de l'Oural
à Nijni-Novgorod, c'est-à-dire 7,000 verstes, moyennant 30 francs la tonne, y compris les frais de char-
gement et de déchargement. Malheureusement, on
n'exécute pas sur les grandes rivières telles que le
Volga et l'Oka, les travaux d'entretien qui seraient
nécessaires. Le gouvernement prélève cependant, sous
prétexte d'améliorer la navigation, un impôt *ad va-
lorem* sur tous les chargements, impôt qui s'élève,
je crois, à un demi pour cent et qui doit produire
annuellement une recette énorme; mais sur les parties
de ces rivières que je connais le mieux, rien n'a été
fait, de mémoire d'homme, au moyen de cet argent.

Il en résulte que les rivières s'ensablent peu à peu.
L'Oka, une des rivières les plus importantes du réseau
fluvial, était jadis navigable sur presque tout son
parcours, depuis la province d'Orel, où il prend sa
source, jusqu'à Nijni-Novgorod, où il se jette dans

le Volga; aujourd'hui, il y a beaucoup d'endroits où on ne peut plus passer pendant l'été, et cela faute d'un léger dragage exécuté en temps convenàble.

Ce sujet, ainsi que bien d'autres, mériterait d'attirer l'attention des chefs de service. Il existe bien des officiers subalternes qui ont pour mission de faire tout ce qui est nécessaire et qui reçoivent des fonds à cet effet; mais que font-ils de cet argent? C'est une autre question.

Un haut fonctionnaire me disait : « Je ne sais où va l'argent; ce que je sais, c'est qu'il ne va pas au trésor. »

Le service des postes sur les grandes routes (dont 7,500 verstes sont entre les mains du gouvernement et sont par suite passablement entretenues) n'offre pas le mode de voyage le plus confortable, le plus rapide et le moins coûteux; mais il est en somme bien organisé, et, dans un pays aussi vaste que la Russie, on ne pourra jamais le remplacer complétement. A la vérité, les routes sont mauvaises; c'est l'inévitable résultat des grandes variations de la température. Les voitures sont construites en vue de la solidité plutôt qu'en vue de l'agrément du voyageur; pourtant, sauf à l'époque du dégel et à l'automne, on circule sans trop de peine. Dans la belle saison on

fait facilement 200 verstes en vingt-quatre heures.
Les chevaux de poste sont meilleurs aujourd'hui
qu'autrefois; on trouve des relais tout préparés;
sous tous les rapports il y a un progrès évident qui
est dû à l'augmentation du nombre des voyageurs.

Même dans les provinces les plus sauvages, on peut
en toute sécurité voyager sans armes. Les histoires
qu'on raconte sur la nécessité de se munir de revol-
vers sont du roman tout pur. Bien que j'aie l'habitude d'en porter un, je n'ai eu qu'une ou deux fois
l'occasion de le montrer, et j'irais sans armes d'un
bout à l'autre de l'empire aussi volontiers que d'un
bout à l'autre de Londres. Lorsque nous faisions halte
à une maison de poste pour manger ou pour prendre
du thé, nous avions l'habitude de laisser nos effets à
la porte, dans notre tarantass, sans personne pour les
surveiller. Nos couvertures, nos fourrures étaient là
tout étalées; jamais on ne nous a rien pris.

Il faut ajouter que l'absence de voleurs est un trait
particulier à la Russie propre. Quand j'ai parcouru
la Pologne, il y a quelques années, on m'a au contraire volé les deux tiers de mon bagage, et j'ai entendu d'autres voyageurs se plaindre du même acci-
dent.

Le prix normal des chevaux de poste sur les routes

de l'État est de trois kopecks par verste. Comme il
faut trois chevaux, cela équivaut à 45 centimes par
mille. Il y a en plus un pourboire de 60 centimes environ par vingt verstes, pour le postillon. La voiture
porte le nom de tarantass; c'est un véhicule assez
commode, mais encombrant; il n'a pas de ressorts et
est supporté par quatre ou six longues perches qui
amortissent jusqu'à un certain point les cahots.

En Sibérie, au delà de Tumen, le tarif des chevaux
est moitié moindre qu'en Russie. Les routes y sont
très-bonnes et permettent de faire jusqu'à 200 verstes
en un jour.

Sur les chemins de fer, on ne paye guère plus
de moitié de ce qu'on payerait en Angleterre. Par
exemple, pour la distance de Pétersbourg à Moscou,
qui est de 614 verstes (660 kilomètres), le prix de la
première classe est de dix-neuf roubles (60 fr.), et,
moyennant un supplément de 6 francs, on a droit pour
la nuit à un excellent lit. Les wagons sont construits
d'après le système américain; ils ne sont pas seulement confortables, mais presque luxueux; on peut s'y
faire apporter des dominos, des échecs, des cartes, et,
ce qui est plus précieux, de quoi se laver.

Le milieu de chaque wagon est disposé en salon,
avec des siéges de velours, un bon feu, plusieurs

HERBERT BARRY.   12

tables, des flambeaux garnis de bougies, une pendule, enfin tout ce qui constitue l'ameublement d'un boudoir élégant.

Beaucoup de stations possèdent de beaux buffets bien fournis; mais les longs arrêts qu'on y subit sont fastidieux.

Les Russes ne connaissent pas encore la valeur du temps et ne comprennent rien à notre désir d'arriver le plut tôt possible au terme d'un voyage. Ils estiment généralement nécessaire d'arriver à la gare deux heures avant le départ du train. Il y a quelque temps, à une station d'une ligne nouvelle aux environs de Moscou, j'ai trouvé les paysans d'un village très-rapproché attendant un train qui ne devait passer que six heures plus tard.

Il ne faut pas s'étonner que plusieurs des chemins de fer russes aient été mal construits et soient mal administrés; cela vient du grand nombre de lignes établies à la fois.

Partout on est à court de matériel : aussi les marchandises s'accumulent-elles aux extrémités. Le vieux parti opposé au progrès tire de là un argument en faveur des anciennes méthodes de transport; mais le bien que les chemins de fer ont déjà produit saute aux yeux, et la plus-value extraordinaire qui en est résultée pour la propriété foncière est un fait d'une grande importance.

Le gouvernement a mis en pratique une idée excellente quand il a voulu compléter son réseau de voies ferrées; il a fait desservir les districts voisins des grandes lignes par des chemins de fer dits américains. Le prix de revient n'en est pas très-élevé et n'absorbera pas les bénéfices des compagnies, comme l'ont fait souvent les embranchements de nos chemins de fer anglais.

Ceux qui ont traité la question des chemins de fer russes ont généralement prétendu que c'étaient des lignes purement militaires, établies dans un but stratégique. Tel n'est pourtant pas leur véritable caractère. Quelques-unes, sans doute, peuvent être dues à des considérations politiques, par exemple celles de Kiew à Wilna, de Kiew à Varsovie, de Samara à Orenbourg, et enfin la ligne du Caucase. Celles-ci, je le présume, ne feront pas de bénéfices d'ici bien des années. Mais j'affirme sans hésiter — et personne ne me démentira parmi ceux qui ont visité le pays et vu les richesses qu'il renferme — que la plupart donneront de beaux dividendes dès que les administrateurs connaîtront mieux leur affaire et que le matériel roulant aura été augmenté. Il y a une chose qui milite en leur faveur, c'est leur prix de revient.

Naguère un Anglais, qui avait accepté la concession de la ligne de Sébastopol au prix de 100,000 roubles par verste, abandonna son cautionnement plutôt que de poursuivre l'entreprise. Aujourd'hui il ne manque pas de gens qui s'en chargeraient à moitié prix.

La facilité des voyages en Russie attirera sans doute dans ce pays de nombreux étrangers. Beaucoup d'entre eux seront des gens en quête de bonnes affaires industrielles ou commerciales, qui rendront de grands services et trouveront pour eux-mêmes d'excellentes occasions. Le grand promoteur des entreprises de chemins de fer avait pour but de préparer ces résultats bien plutôt que de faciliter les mouvements de troupes. J'ai dit qu'il était facile de voyager en Russie. Cela est vrai même quand on ne sait pas la langue du pays. Les Russes interprètent facilement la pantomime, et ceux qui voudront voir de leurs yeux les merveilles de ce pays se tireront d'affaire parfaitement bien, j'en suis sûr, avec l'aide d'un domestique indigène.

Le réseau télégraphique se complète rapidement; on a adopté un tarif uniforme pour toutes les dépêches. L'organisation est très-bonne, et dans les villes les plus reculées de la Sibérie on peut envoyer ses dépêches en français ou en allemand, quelquefois même en anglais.

Au temps passé, un voyage n'était pas une petite affaire ; la moindre irrégularité dans un passe-port était une source d'ennuis sérieux, comme on pourra en juger par l'histoire suivante : —Deux voyageurs, X. et Y., étaient arrivés à la station frontière de la ligne de Pétersbourg à Berlin. Ils attendaient tranquillement leurs passe-ports, qu'on leur avait pris pour les soumettre à l'estampille des employés, quand le chef de bureau les fait venir et leur annonce qu'ils ne peuvent laisser la Russie, attendu qu'ils n'en ont pas obtenu la permission de la police. Les voyageurs expliquèrent qu'ils ne savaient pas quelles étaient les formalités exigées ; qu'ils avaient remis leurs passeports au maître de l'hôtel ; qu'en les reprenant ils avaient vu qu'on y avait écrit quelque chose en russe, et que tout naturellement ils s'étaient crus en règle.

Tout fut inutile ; le haut fonctionnaire resta implacable. Y. commençait à faire de la diplomatie, c'est-à-dire à aborder la question rouble, quand X. fit manquer l'arrangement en s'écriant à haute voix : « Don-

12.

nez-lui vingt-cinq roubles, il nous laissera aller. »

L'officier regarda X. en souriant, et il engagea les voyageurs à retirer leurs bagages et à attendre le train qui remontait sur Saint-Pétersbourg. Ils se gardèrent d'en rien faire et se contentèrent de prier leurs compagnons de route de surveiller leurs malles jusqu'à la station prussienne, et de les remettre au chef de gare, si eux-mêmes n'avaient pas rejoint avant le départ du train. Ayant constaté qu'il n'y avait de départ pour Saint-Pétersbourg que le soir, Y. déclara du ton le plus poli à Son Excellence que son compagnon et lui avaient faim, qu'ils désiraient déjeuner, et qu'ils le priaient de leur rendre leurs passe-ports, parce qu'ils pourraient s'attirer des désagréments en se promenant par la ville sans ces indispensables compagnons. On accéda immédiatement à leur désir ; pendant ce temps, on pouvait voir le train franchir la frontière sans encombre.

En rafraîchissant la mémoire d'un facteur au moyen d'un billet de trois roubles, ils apprirent qu'il existait un certain petit ruisseau, que ce ruisseau pouvait être passé à gué à une demi-verste en aval de la station, et enfin qu'il formait la frontière. Nos deux infortunés se mirent à flâner de côté et d'autre en cherchant à se rapprocher du point indiqué ; mais presque aussitôt le télégraphe sémaphorique situé entre la station et le corps de garde entra en activité, et le résultat de cette « conversation » s'incarna sous les traits de deux vigoureux cosaques bien armés, qui se lancèrent sur les traces des fugitifs. Ceux-ci suivaient nonchalamment les méandres capricieux du ruisseau, se livrant au plaisir innocent de jeter des pierres dans l'eau, de faire des ricochets, etc. Quand ils virent les deux guerriers, obéissant probablement à une consigne, marcher vers la rivière, ils les laissèrent approcher à une cinquantaine de mètres, puis se jetèrent à l'eau et traversèrent le ruisseau. La berge opposée était assez haute.

Tandis que X. et Y. grimpaient péniblement à quatre pattes le long du talus, les cosaques vinrent se ranger en bataille derrière eux et les apostrophèrent en russe. Or nos voyageurs ne savaient pas un mot de russe. X., qui était plus aquatique de son naturel que Y, et par conséquent un peu moins démoralisé par l'eau et la vase que son ami, s'aventura à tourner la tête, ce qui lui permit de constater que l'ennemi se mettait en mesure de faire feu.

— Brigands ! coquins ! vous n'aurez pas l'audace de tirer ! nous sommes en Prusse.

Ils n'avaient pas l'air d'entendre. « Jetez-leur

quelque argent, dit Y. à X. qui remplissait les fonctions de trésorier pendant le voyage.

— Vous en parlez à votre aise ! Il est fort commode de mettre la main dans sa poche quand, au
moindre mouvement, on est exposé à recevoir une
balle dans le dos. »

En s'ingéniant, il réussit cependant à extraire de
son gousset un billet de trois roubles dont il enveloppa
une pierre qu'il lança par-dessus son épaule aux fé-
roces soldats.

Qui se trouva bien empêché? Ce fut l'armée enne-
mie. Elle était partagée entre la frayeur que lui ins-
pirait son officier, qui du corps de garde surveillait
l'engagement, et le désir de ramasser l'argent qui
gisait à ses pieds. Mais, ainsi que j'en ai déjà fait la
remarque, un Russe n'est jamais embarrassé, surtout quand il s'agit d'argent. L'un des cosaques com-
manda à l'autre de marcher en avant et suivit à l'ar-
rière-garde en poussant du pied le précieux caillou.

Ils eurent bientôt gagné une dépression de terrain
où le général en chef ne pouvait les apercevoir; alors
ils firent signe aux voyageurs épuisés et transis de
détaler au plus vite, puis l'armée retourna vers son
commandant déconfit lui annoncer sa défaite. Je ne
doute pas que le général en chef n'ait envoyé à Ka-

zan le parasol que X. perdit dans cet engagement,
pour figurer dans la cathédrale à titre de trophée de
la brillante victoire remportée à Virballen sur les
Anglais. Nos voyageurs arrivèrent à la station prussienne, mouillés et crottés à la vérité, mais satisfaits.
Le train ne partait pas encore, et ils eurent le temps
de tirer leurs chapeaux à Son Excellence le directeur.

Les difficultés sont devenues moins grandes. Il y a
trois ans, je me trouvais avoir pour compagnon de
route un individu en costume européen. Il avait
une grande barbe rouge, mais, en revanche, très-peu
de cheveux. Il me fit l'honneur de m'informer qu'il
avait pour tout bagage un petit sac noir qu'il portait à la main, lequel sac contenait une chemise
propre et un peigne. Il ajouta judicieusement qu'il
est plus commode d'acheter à mesure ce dont on a
besoin que de s'encombrer de malles dont le contenu
ne sert le plus souvent qu'à renouveler la garde-
robe des garçons et des filles d'auberge. Il est juste
de nommer, comme complétant son bagage, un fou-
lard rempli d'oranges qu'il suçait tout du long de la
route — faute de dents pour les manger. Arrivé à la
frontière, il fut constaté que son passe-port ne portait nullement l'autorisation de sortir de la Russie,
pas plus que celle d'y entrer. Je présume qu'il était

venu par quelque voie souterraine, car de même que l'Amérique à esclaves, la Russie à serfs avait ses voies souterraines. Le directeur lui déclara qu'il ne pouvait passer.

« Moi pas passer? Je suis pacha! un pacha pas passer? C'est une abomination, je vais me plaindre à Constantinople. »

Et il sortit du sac noir un grand parchemin où étaient relatés ses titres. Il fallait le croire sur parole, car personne ne pouvait déchiffrer les hiéroglyphes qu'il produisait. Il ne savait que quelques mots d'anglais et de français. J'essayai de lui faire comprendre que son passe-port n'était pas en règle. Peine perdue! il était pacha, il pouvait faire à sa tête.

Je m'adressai à un des nombreux agents commerciaux qui sont établis sur la frontière. Ce sont gens complaisants, toujours disposés à venir au secours d'un étranger. Il me conseilla d'adresser le pacha au chef de la police, qui, sur ses explications, le laisserait probablement passer. Effectivement, mon homme courut lui parler, et il revint avant le départ du train avec une permission en forme.

Cette aventure s'est passée plusieurs années après celle d'X. et d'Y., ce qui me donne à penser que les voyages se sont bien simplifiés.

CHAPITRE IX.

LA SIBÉRIE.

Si la Russie est relativement peu connue à l'étranger, la Sibérie l'est bien moins encore. On se fait en Angleterre des idées si bizarres de cette contrée, que je désire les rectifier autant que possible. Je pense qu'aux yeux de bien des gens le mot de Sibérie est inséparable de l'image d'une vaste solitude glacée, habitée seulement par des prisonniers politiques dont la vie se passe dans une lutte sans trêve avec les ours qui leur disputent l'empire des forêts.

Je veux essayer de faire justice de quelques-unes de ces erreurs en apportant ici le résultat de mes propres observations. Parlons d'abord du climat. Un pays qui a une longueur de cinq mille milles sur une largeur de deux mille trois cents; qui comprend six millions de milles carrés de terre et d'eau; dont les frontières portent des noms aussi dissemblables que l'océan Arctique, la mer du Japon et la Tartarie

chinoise; qui s'étend de 45°30′ à 77°40′ de latitude
N., et de 52°30′ à 190° de longitude E. doit évidemment présenter les plus grandes variations de température.

A la limite méridionale, qui est à peu près à la
même latitude que Venise, c'est la douceur du climat
italien ; c'est la glace perpétuelle dans les régions de
l'océan Arctique.

A Irkoutsk, à moitié chemin de la frontière orientale, près du Baïkal, ce grand lac intérieur que les
Russes appellent la mer sainte, la température
moyenne de l'année est de 31° Fahrenheit, et la
moyenne de l'hiver est de 1° au-dessous de zéro.

Sur les bords de la rivière Iénisséi (qui se jette dans
la mer Arctique), les grands froids sont inconnus
grâce aux hauteurs qui abritent la vallée, et dans
le sud, aux environs des monts Altaï, les troupeaux
paissent en plein air tout le long de l'année. Dans
toute cette partie de la Sibérie, au-dessous du 57e degré et demi, l'air est très-sec et la rigueur du froid
ne se fait pas beaucoup sentir; c'est dans cette région
que la grande masse de la population est agglomérée
et que l'industrie du pays s'est développée.

J'ai trouvé peu ou point de différence entre le
climat d'Ékaterinebourg, près de l'Oural, et celui de

Moscou, situé deux degrés plus au sud, tandis qu'à
Sémipalatinsk, près de l'Altaï, à 50°40' de latitude,
et même partout au sud de Krasnoïarsk, le climat est
splendide.

Tout ce qui avoisine la partie méridionale des
monts Ourals est également favorisé; on ne peut se
plaindre de l'excès de froid dans aucune des parties
de la Sibérie dont je m'occupe en ce moment. Quant
à l'extrême nord et l'extrême orient, ce ne sont pas
des régions où il soit désirable de vivre.

J'ai beaucoup voyagé en Sibérie; j'ai trouvé partout
un climat plus ou moins tempéré et toujours suppor-
table; je n'ai jamais souffert de son âpreté, et je ne l'ai
jamais trouvé plus dur que celui de Moscou. J'ai vu
presque en tous lieux un sol excellent pour l'agriculture, une terre riche, grasse et noire, où tout doit
prospérer. A la vérité, les méthodes de culture em-
ployées sont faites pour l'épuiser bien vite, et ne pourraient être appliquées si les terres étaient moins
abondantes et la population plus dense.

Le système d'assolement est vicieux; on fait porter
chaque année du grain à la terre sans jamais la laisser
reposer ni la fumer. Les récoltes obtenues avec ces
procédés imparfaits montrent ce que pourrait tirer
du sol une culture tant soit peu intelligente. Dans les

HERBERT BARRY.   13

montagnes de l'Oural, j'ai vu le maïs arriver à ma-
turité, les betteraves, les pommes de terre atteindre
des dimensions extraordinaires.

Dans les parties moins fertiles, le seigle réussit
très-bien : l'année dernière, un *poud* de farine de
seigle était coté 20 copecks, ce qui fait 14 sous les
trente-six livres anglaises.

En été, les bois sont magnifiques; les journées
sont chaudes, mais le soir il y a de la fraîcheur et
un peu d'humidité : aussi les fleurs sauvages poussent-
elles partout avec abondance. Les fraises, les fram-
boises, les groseilles, les cerises et bien d'autres baies
comestibles se recueillent en quantité dans les bois et
vont approvisionner les marchés des villes voisines,
où l'on ne consomme que des fruits venus sans culture.

La vie en Sibérie est moins chère que dans le reste
de la Russie, où pourtant elle est déjà assez bon
marché.

J'ai noté entre autres les prix suivants : le bœuf
4 sous et le veau 3 sous la livre; une oie 24 sous;
un gros dindon 3 francs; le gibier de toute sorte,
lièvres, perdreaux, etc., de 2 à 3 sous la pièce, quelle
qu'en soit la taille; les pommes de terre 14 sous
le boisseau; l'avoine 4 francs 50 le tchetvert; le

foin 12 centimes le poud de trente-six livres anglaises.

Dans ces provinces reculées, les chemins sont aussi bons que dans le reste de l'empire; au delà de Tumen ils sont même meilleurs qu'en Russie et valent les grandes routes de l'ouest de l'Europe. A ce point de vue le voyageur n'a pas à se plaindre. Les chevaux sont renommés pour leur vitesse; les maisons de poste sont convenables, très-supérieures à celles de bien des provinces de la Russie centrale, et dans la plupart d'entre elles on peut trouver un dîner mangeable. Dans la maison de poste d'un village écarté (c'était du reste un modèle de propreté et de confort), le garçon vint, à ma grande surprise, me présenter la carte des plats du jour, suivie d'une liste de vins variés.

Les paysans sont plus civilisés et moins ignorants en Sibérie que dans les autres parties de la Russie. Ce résultat est dû sans doute à l'influence des exilés politiques. Beaucoup d'entre eux, n'ayant rien à faire, ont consacré leurs loisirs à la tâche philanthropique d'instruire les enfants du voisinage. Comme il y a moins d'ignorance, il y a aussi moins de bigoterie.

Les églises et les prêtres sont d'une rareté rela-

tive qui contraste avec la profusion des uns et des
autres qu'on remarque dans la Russie d'Europe.

Les paysans sont plus propres et mieux habillés
que ceux des autres provinces; leur classe y est bien
supérieure à ce qu'elle est ailleurs. Ils causent et ils
expriment leurs opinions avec plus de liberté et
moins de contrainte; ils semblent mieux au courant
de ce qui se passe dans le monde que leurs compatriotes du sud. On voit qu'ils ont reçu une éducation
plus libérale, et le voyageur ne peut manquer d'être
frappé du progrès qui se manifeste dans la condition
et l'apparence du peuple, à mesure qu'on s'avance
dans le nord vers les déserts de la Sibérie.

Une preuve que le niveau de la civilisation y est
plus élevé, c'est que la condition des femmes y est
meilleure. Dans la Russie centrale, la femme est
traitée comme chez tous les peuples barbares; on
la néglige et on l'opprime. On lui laisse les gros travaux; c'est elle qui cultive la terre pendant que son
seigneur et maître se partage entre le plaisir de boire
et celui de dormir.

Il faut convenir que le moujik, malgré toutes ses
qualités aimables, n'est pas irréprochable dans sa
façon de traiter le sexe faible. Souvent on peut voir
les femmes travailler dans les champs, sans autre

vêtement qu'une chemise, sous l'écrasante chaleur
d'un jour d'été, tandis que les hommes prennent
tranquillement le frais dans un cabinet de verdure
construit à leur intention. Demandez à un de ces rois
de la création s'il est marié, il pourra vous répondre :
« Pas encore, je cherche une fille robuste et laborieuse ; quand j'en aurai trouvé une qui veuille travailler pour moi, je me marierai ; mais pas avant. »
Ce symptôme de barbarie est moins prononcé en
Sibérie. La femme y occupe la place qui lui appartient ; elle surveille la maison et les enfants, tandis
que le mari vaque à ses travaux.

La plus belle ville que j'aie vue dans la Russie
d'Asie est celle d'Ékaterinebourg, située sur la frontière de l'Asie et de l'Europe. Cette position lui pro-
cure de nombreux avantages et lui a valu certains
priviléges commerciaux. C'est le chef-lieu d'un district minier, et les exploitations métallurgiques considérables situées dans les environs de la ville ont
augmenté son importance et accru sa population.
Irkoutsk est aussi une jolie ville ; mais Ékaterinebourg
l'emporte à plusieurs égards. Elle renferme 25,000
âmes ; elle est bien bâtie ; elle possède plusieurs belles
églises et un grand nombre de maisons en pierre ou
en briques, dont plusieurs mériteraient le nom de

palais. On y trouve un hôtel des monnaies, de grandes
usines appartenant à l'État, un théâtre, un cercle, et
deux hôtels qui sont vraiment bons. En un mot, elle
ressemble aussi peu que possible à une ville placée
sur les extrêmes confins de la civilisation, à deux pas
de la barbarie asiatique. J'affirme qu'en mangeant
le « dîner à la carte » que m'a servi M. Plotnikoff
dans son hôtel, je ne me suis pas plus senti chez des
barbares que si j'eusse été dans n'importe quelle ville
d'Europe.

On trouve dans toutes les villes une société nombreuse et cultivée; le temps se passe agréablement;
la douceur et l'égalité du climat ajoutent à l'agrément
de la vie. Pour ce qui est de la difficulté de pénétrer
en Sibérie, des dangers du voyage, du manque de
confortable, des dépenses excessives, etc., le public
s'est laissé induire en erreur par les contes des
voyageurs et par la romantique imagination de
ceux qui sympathisent vivement avec les exilés politiques.

Nijni-Novgorod est maintenant fort accessible, c'est
presque un rendez-vous à la mode pendant la grande
foire. Une ligne de steamers relie cette ville à Perm
en Sibérie; le trajet se fait facilement en une semaine. Les bateaux ne sont pas grands; leur instal-

lation ne peut être comparée à celle des palais flot-
tants de la compagnie péninsulaire et orientale;
mais ils sont proprement tenus et les voyageurs y
sont vraiment bien.

La nourriture y est abondante et de bonne qualité,
les prix sont modérés : somme toute, quand on aime
à observer, on passe très-agréablement la semaine
consacrée au voyage.

Les quelques villes que l'on rencontre rompent la
monotonie de la route, et le paysage n'est pas sans
avoir son charme particulier. Je ne saurais pourtant
partager l'opinion de ceux qui trouvent splendide la
rivière Kama, dans laquelle on entre un peu au-dessous de Kazan. De tels enthousiastes sont moins gâtés
que moi en fait de beauté.

De Perm on arrive facilement à toutes les parties
de la Sibérie; je ne nie pas que ce ne soit un peu
ennuyeux; cependant l'agrément du voyage dépend
beaucoup des ressources que chacun porte en soi-
même. Il y a de jolis paysages, des collines, des bois,
de l'eau : cela peut bien compenser quelques cahots,
surtout pour le voyageur qui arrive des régions
plates de la Russie, où une taupinière à l'horizon
passe pour une curiosité naturelle, et où l'œil fatigué
cherche vainement à se reposer de la monotonie de

la steppe avec son éternelle perspective de gazon ou
de sable à perte de vue.

. J'ai déjà dit qu'à l'exception d'un court intervalle
aux environs de l'Oural, entre le bassin de l'Europe
et celui de l'Asie — de Perm, sur la Kama, à Tumen,
près du confluent du Tura avec le Tobol, — le reste de
la Sibérie est couvert d'un réseau de voies fluviales.
L'Obi, l'Iénisséi, l'Irtisch, le Léna, l'Amour, sont de
grandes rivières toujours navigables, qui coulent dans
des directions opposées et qui mettent en communication l'une avec l'autre les extrémités de la Sibérie. Si
la lacune de l'Oural, entre Perm et le Tobol, était
comblée par un chemin de fer, les marchandises
pourraient circuler sans interruption depuis la frontière ouest de la Russie d'Europe jusqu'au fond de la
Sibérie, par eau ou par voie ferrée.

Toutes les villes principales sont reliées par des fils
télégraphiques à la capitale, et par là à toutes les stations télégraphiques du globe.

Quand on voit sur la carte de l'Asie combien est
courte la distance qui sépare Irkoutsk des districts de
la Chine qui produisent le thé, combien l'Amour est
voisin des richesses du Japon ; quand ensuite on porte
les yeux sur les avant-postes russes placés près de Ca-
boul et sur ceux qui s'échelonnent entre la mer Noire

et la mer Caspienne, on est frappé de l'idée que par suite du développement des voies de communication en Russie, le commerce avec l'Orient va changer de route et Moscou devenir peut-être le point central des expéditions vers l'Asie. Les ressources de la Sibérie sont immenses. Peu de gens se rendent compte de leur importance. Ses richesses minérales sont presque inexplorées; elles ne sont exploitées que sur quelques points, et cela d'une façon peu satisfaisante et dans les plus mauvaises conditions. Pour juger de leur importance, il suffit de considérer les monts Ourals qui s'étendent du nord au sud avec un développement de 1,200 millés. On sait que leurs flancs recèlent de l'or en plus ou moins grande quantité sur toute la longueur de la chaîne; on n'a attaqué que quelques filons, et encore d'après un système d'exploitation fautif. Voyez aussi quelle quantité de cuivre produit ce pays, quoique les établissements métallurgiques soient si clair-semés. Il en est de même du fer et des autres métaux; tous sont exploités avec négligence. Il est triste, quand on voyage dans cette contrée, de voir tant de pauvreté et un si déplorable abandon de tant de trésors.

Chaque fois que je traverse la Sibérie, je me demande pourquoi nos compatriotes s'en vont coloniser

13.

les antipodes. Je parle de ceux qui partent avec un petit capital dans leur poche. Ici, moins loin de chez eux, ils peuvent avoir des terres plus fertiles et à meilleur compte que dans la plupart de nos colonies ; ils trouveront la vie et la main-d'œuvre moins chères, et ils jouiront de plusieurs avantages de la civilisation dont ils sont privés aux colonies. En payant une taxe insignifiante, ou pour mieux dire pas de taxe du tout (la seule charge imposée aux étrangers est un droit de 6 fr. 60 pour le renouvellement annuel du passe-port), ils peuvent vivre sous la protection vigilante du plus paternel des gouvernements, sans courir le danger d'être dévorés par les Indiens ou les Maoris. En échange de tant d'avantages, quel inconvénient devront-ils subir ? Un seul, celui d'habiter un pays où l'on parle un langage qui n'est pas le leur et où la forme du gouvernement diffère de celle à laquelle ils sont accoutumés. D'ailleurs un émigrant, dans les prairies du *Far-west* ou dans les pâturages de l'Australie et de la Nouvelle-Zélande, n'a pas de voisins du tout ; en Sibérie, il en aura beaucoup, et dans le nombre plusieurs parleront une autre langue que le russe. J'ai connu une petite usine cachée dans les monts Altaï, où deux ouvriers au moins savaient l'anglais.

Ici, non-seulement l'agriculture, mais toutes les entreprises industrielles sont lucratives, et un homme
de sens et de courage est assuré de faire fortune.

En un mot, je ne vois aucun pays du monde qui
vaille la Sibérie pour les jeunes gens pourvus de
petits capitaux. Je pourrais citer bien des exemples
de succès. Peu importe l'éducation qu'on a reçue;
il suffit qu'un homme ait une tête sur les épaules; il
fera son chemin, et rapidement. Beaucoup ou plutôt la plupart des négociants établis en Sibérie sont
fils de leurs œuvres. L'un d'entre eux me disait il y a
peu de temps : « Il y a vingt ans, je suis arrivé dans
cette ville avec 800 roubles (2,500 francs), et j'en ai
fait 5 millions. C'est un bon pays pour travailler. »

Les progrès ne font que de commencer en Sibérie. Aujourd'hui on y peut compter trente bateaux
à vapeur; c'est précisément le nombre de ceux qui
existaient il y a dix-sept ans sur le Volga et la Kama,
où il y en a maintenant trois cent soixante-dix.

Les Sibériens construisent eux-mêmes leurs bateaux à vapeur; ils fabriquent des rails, des vêtements, des étoffes de coton, du papier, etc.; ils ont
beaucoup développé leur commerce de transit, et
chaque année une nouvelle rivière s'ouvre à la navigation.

Leur aristocratie caresse deux faiblesses ; elle aime à jouer et à boire du champagne. Quant au jeu, ce n'est plus un amusement, c'est une affaire sérieuse, et les Sibériens sont les joueurs les plus forcenés que j'aie jamais rencontrés, même en Russie. A l'hôtel, dans une chambre à côté de la mienne, quatre hommes se mirent à jouer à onze heures du matin, un lundi ; ils continuèrent jusqu'au jeudi suivant, sans s'interrompre, prenant seulement quelques moments de répit pour boire. Au bout de ce temps, l'individu qui tenait la banque avait été mis à sec après avoir perdu 40,000 roubles. — Dans ces orgies, une seule personne tient contre toutes les autres, et le jeu continue jusqu'à ce que la banque saute ou que ses adversaires aient le gousset vide.

Quel lugubre tableau une partie pareille doit présenter le troisième jour ! des yeux rougis et clignotants, des visages enflammés, des doigts tremblants, des mains trop faibles pour tenir les cartes et ramasser l'argent, les joueurs appuyés sur des coussins comme autant de paralytiques, et soutenus par des stimulants... Je trouverais plus gai, pour ma part, de piocher au fond d'une mine.

A Irbit se tient en février une grande foire qui est impatiemment attendue par tous les négociants du pays, et où le jeu est universel et effréné. Une nuée de juifs et de filous accourent à cette foire de Kovno, de Vilna ou même de plus loin, pour prendre leur part des trésors qui passent de main en main sur les tables de jeu.

De même qu'en Californie et en Australie, le chercheur d'or favorisé par la fortune est en général la victime des joueurs. En une nuit on lui rafle tous les bénéfices de son expédition; il sort du tripot, le matin, dégrisé et sans le sol, sans autre ressource que de recommencer à piocher.

Les gens riches sont installés sur un pied d'ostentation extravagant.

Les bénéfices étant énormes, le train de maison est considérable. L'hospitalité est illimitée. Le voyageur qui va de ville en ville, parmi les zavods où il n'y a pas d'hôtels, fait arrêter sa voiture devant le *gospotsky dom* ou maison du monsieur. — On l'y reçoit sans hésiter, même en l'absence du maître de la maison.

Sur un des bateaux à vapeur qui font le service entre Nijni-Novgorod et Perm, j'avais fait connaissance d'un monsieur qui habitait dans une des hautes vallées de l'Oural, et qui joignait à la profession de négociant celle de chercheur d'or sur une grande échelle; il m'avait pressé de pousser jusque chez lui et d'y faire un séjour.

Un jour que je passais assez près de sa résidence, je me décidai à faire un détour pour m'y rendre. Je comptais boire une tasse de thé avec lui et continuer mon chemin; mais je comptais sans mon hôte, comme on le verra par le récit de ma visite.

Nous arrivâmes à sept heures du soir environ, et notre coup de sonnette fit apparaître un vieillard revêtu de l'inévitable peau de mouton; je le pris pour le dvornik ou portier. Il demande qui nous sommes; notre postillon répond : « Deux princes anglais. » Nous étions redevables de ce titre à la folle générosité de mon compagnon, qui, faute de menue monnaie, avait donné au postillon du précédent relais 25 copecks au lieu des 5 qui lui revenaient.

Le vieux gentleman nous fit un profond salut et ouvrit tout grands les deux battants de la porte cochère.

Nous sautâmes à bas de notre tarentass et nous suivîmes le bonhomme jusqu'à l'entrée principale de la maison, où il nous quitta brusquement. Nous trouvâmes notre chemin comme nous pûmes; notre ami de voyage était chez lui et nous accueillit amicalement. Nous fûmes bientôt assis devant un verre

de thé. J'étais à décrire l'air étonné du vieux dvornik
et à raconter comment il avait disparu en bas de
l'escalier, quand la porte de la chambre s'ouvrit et
livra passage au vieillard qui avait rempli les fonctions
de portier et dont je parlais en ce moment même.

Il avait ôté sa peau de mouton et portait une robe
de chambre en soie d'une magnifique étoffe de Perse;
notre ami nous le présenta en disant : « Mon papa! »

Je ferai remarquer que le papa avait été en son
temps un des négociants les plus célèbres et les plus
heureux du pays. La conversation fut très-animée;
mais, au bout de deux heures, nous manifestâmes
l'intention de prendre congé. Ce n'était pas l'idée
de notre hôte. Il nous fallut d'abord faire un *zakouska*. Un zakouska est un avant-dîner comprenant
toutes sortes de poissons secs, du jambon, des fro-
mages, du caviar, des radis, etc. Après le zakouska,
une petite sieste est indispensable. Quand on s'éveilla,
il était dix heures et le dîner se trouvait prêt. On
mangea encore, on but davantage; on fuma des cigares d'un parfum exquis; mon compagnon, qui avait
vécu à la Havane, déclara n'en avoir jamais trouvé de
plus délicats aux Antilles.

Il était trop tard pour se remettre en route; nous
allâmes nous coucher. Le lendemain matin de bonne

heure, j'ordonnai à mon domestique d'atteler, afin de partir au plus vite et de regagner le temps perdu.

Il revint me dire de la part du maître de poste que nous ne pouvions avoir de chevaux ce jour-là. La vérité était que notre hôte lui avait défendu de nous en fournir, afin de nous tenir plus longtemps captifs. Il n'y avait pas moyen d'agir sur le maître de poste ; il redoutait trop notre despotique ami pour s'exposer à l'offenser. Bon gré mal gré, il nous fallut attendre patiemment l'arrivée de notre hôte. Il ne tarda pas à descendre, en grande toilette comme la veille, et suivi du papa également en costume de gala. Je lui expliquai, en le remerciant de ses intentions hospitalières, que nous étions absolument obligés de partir. Ce fut peine perdue ; il ne voulut pas m'écouter et nous fûmes obligés de perdre encore tout un jour en festins et en causeries. Sous prétexte de nous distraire, on nous fit passer en revue, dans le plus grand détail, la maison et tout ce qu'elle contenait. On nous apportait chaque objet l'un après l'autre ; il fallait l'admirer et en estimer la valeur.

C'est un des plaisirs favoris des Russes que d'exhiber tous leurs trésors aux étrangers sur qui ils mettent la main.

Nous fûmes assez heureux pour nous affranchir

vers le soir de cette cordiale, mais gênante hospitalité. Je pourrais citer bien d'autres exemples de chaleureux accueil et d'affectueuse réception de la part des négociants de Sibérie.

Le vieux gentleman qui nous est apparu d'abord en costume de paysan avait été serf jusqu'en 1861, et en 1869 il était tel que je l'ai décrit.

Son petit-fils, âgé de dix ans, recevait une bonne éducation et parlait déjà français.

Son fils, qui dirigeait avec activité la maison et les affaires, était un homme instruit et bien informé, qui parlait avec beaucoup de sens des partis politiques de Londres et de Paris; il était aussi au courant qu'on eût pu l'être à Saint-Pétersbourg, et recevait chaque matin ses journaux.

Je ne sais d'où viennent les étranges idées qui ont cours sur les prisonniers et les exilés de Sibérie. Les condamnés forment deux classes distinctes : les détenus criminels et les exilés politiques, et chacune de ces classes se subdivise en plusieurs catégories.

Parlons d'abord des criminels.

Les plus coupables *seulement* vont travailler aux mines, — principalement aux mines d'argent du district de Nertchinsk. Comme ce sont toujours des scélérats de la pire espèce, condamnés pour des

meurtres ou pour d'autres crimes aussi graves,
comme d'ailleurs le travail des mines n'a rien de
particulièrement dur et n'altère pas la santé, on
peut les considérer comme plus heureux qu'ils ne
méritent; de plus, tous les mineurs habitent maintenant au grand air.

Une seconde catégorie comprend les criminels
voués à divers genres de travaux forcés en plein air.

Le reste se compose d'exilés qui sont seulement
tenus de résider en des endroits déterminés, sous la
surveillance de la police; ils forment entre eux de
petites colonies au sein desquelles il n'est pas pru-
dent à un étranger de planter sa tente, à ce que j'ai
ouï dire.

Je ne vois pas pourquoi les Russes passeraient
pour traiter leurs criminels plus cruellement que les
autres nations. Nous pendons les meurtriers, les
Français les guillotinent, les Russes, avec plus de
raison et d'humanité, à mon avis, les utilisent pour
certains travaux et prennent le plus grand soin de
leur santé. Pour prouver que les prisonniers ne sont
pas affaiblis par leur régime, je puis citer le fait
suivant, survenu il y a quelques mois : deux condamnés échappés ont été repris à Saint-Pétersbourg;
ils avaient fait à pied toute la route depuis Nertchinsk.

Quant aux condamnés politiques, leur peine consiste uniquement à résider dans un rayon donné autour d'un point désigné. Pourvu qu'ils ne sortent pas de ce cercle, ils sont à tous autres égards parfaitement libres. Beaucoup parmi eux sont entrés dans les bureaux du gouvernement, mais de leur plein gré. Beaucoup aussi occupent maintenant en Sibérie une position à laquelle ils ne seraient jamais arrivés dans leur pays, et sont loin de désirer retourner chez eux. Il y en a, à la vérité, dont la situation est toute différente. Un mineur me disait dernièrement que dans son chantier il employait comme ouvriers, à 80 copecks par jour, deux anciens colonels. Je ne crois pas qu'il y ait un seul exemple d'exilé politique proprement dit condamné aux mines ou aux travaux forcés.

On a trop souvent l'habitude de confondre avec les condamnés de cette catégorie les vrais criminels.

Vous entendez dire d'un homme que c'est un prisonnier politique ; en allant aux informations, vous découvrez que, bien qu'il se soit plus ou moins mêlé de politique, il a été envoyé en Sibérie pour un crime qui n'avait aucun rapport avec ses opinions.

Ce n'est pas seulement mon sentiment particulier que j'exprime ici ; je pourrais me tromper,

comme tous les voyageurs; je m'appuie sur les dires
d'hommes instruits et vivant sur les lieux, à la fois
honnêtes et capables de bien juger. Je crois que c'est
pour moi un devoir strict de rapporter ce que j'ai vu
et entendu, puisque j'ai eu des facilités exception-
nelles pour recueillir des informations sur ce sujet.

Il ne m'appartient pas de justifier l'acte qui consiste à bannir des hommes de leur foyer, quelquefois
simplement pour avoir dit tout haut ce qu'ils pen-
saient. Leur sort est assez malheureux par le seul
fait qu'ils sont séparés de tout ce qui leur est cher; il
n'a pas besoin d'être dépeint sous des couleurs plus
noires que la réalité.

Dans ces dernières années, un grand progrès a été
accompli dans le mode de transport des prisonniers.
Autrefois ils faisaient toute la route à pied; le voyage
exigeait des mois entiers, et beaucoup succombaient
à la fatigue. Maintenant, des steamers les amènent à
Perm, d'où on les conduit à destination en voiture.
On a tant de soin d'eux, qu'on ne les fait pas voyager
en hiver. Cinq ans est le minimum de la durée de
l'exil. Les plus criminels ont la tête rasée, soit d'un
côté seulement, soit complétement. J'ignore pour
quelle raison on les défigure ainsi.

Beaucoup de prisonniers s'échappent. Les bois leur

présentent certaines facilités pour gagner les grandes
villes, où ils vivent quelque temps, jusqu'à ce qu'on
découvre qu'ils n'ont pas de passe-port; on constate
alors leur identité et on les renvoie achever leur
peine. Ces fugitifs, qui le jour se cachent dans les
bois, descendent la nuit vers les villages pour chercher à manger. Si grande est la bonté de cœur du
paysan russe, si grande sa sympathie pour tout être
souffrant, que dans bien des villages il dépose chaque
soir quelque nourriture sur le rebord extérieur des
fenêtres de sa cabane, afin que les fugitifs puissent
venir se rassasier; et pourtant il sait bien que ce
peuvent être les plus grands scélérats que la terre ait
portés.

On ne rencontre jamais dans les rues ou sur les
routes une troupe de prisonniers, sans voir toutes les
classes de la population leur apporter de l'argent et
des vivres. Le Russe, surtout le paysan, a le cœur
très-compatissant.

La Sibérie renferme une curieuse variété de tchinovniks. Comme ce pays est le centre de toutes les
entreprises métallurgiques de l'État, il regorge d'officiers du corps des mines.

De tous les agents du gouvernement russe, les ingé-
nieurs des mines sont les plus intelligents et les plus

distingués. Parmi les chefs il y a des hommes d'un haut mérite, des hommes qui prennent à cœur les intérêts de l'État, en dépit de toutes les difficultés contre lesquelles ils ont à lutter. La principale de ces difficultés, c'est l'incapacité de leurs subordonnés. Lorsqu'on aura réalisé le projet de remettre tous ces établissements entre les mains de particuliers, leur développement sera bien différent de ce qu'il est aujourd'hui. La Sibérie, je l'ai déjà dit, est le centre de la richesse minérale de la Russie, et cette richesse est telle qu'il est impossible d'en donner une idée dans les étroites limites d'un chapitre. Il y a de l'or, de l'argent, du cuivre, du plomb, du fer, de la houille, du sel et d'immenses forêts encore vierges. J'ai passé sur des gisements de minerais de plusieurs milles de longueur; j'ai mis des jours à traverser d'interminables forêts, et du sommet des plus hautes montagnes j'ai vu, à tous les points de l'horizon, les collines et les vallées entièrement couvertes de bois épais. Ces bois ne sont pas encore exploités; ils restent là inutiles; assez abondants pour satisfaire à tous les besoins de l'homme, ils n'attendent que la hache de l'émigrant et le jour où le courant de la colonisation passera par la Sibérie, attiré par la politique libérale que vient d'inaugurer le gouvernement russe.

CHAPITRE X.

LA GRANDE FOIRE DE NIJNI-NOVGOROD.

Pour mettre un étranger au courant des mœurs et des habitudes des populations de la Russie orientale, il n'est rien de tel qu'une visite à la grande foire annuelle de Nijni-Novgorod.

C'est là que l'Europe et l'Asie se rencontrent pacifiquement sur le terrain commun du commerce et des intérêts.

C'est là que l'extrémité orientale des chemins de fer de l'Europe se raccorde avec ces grandes rivières qui forment comme un réseau de voies navigables, jeté sur toute la surface de l'empire russe.

La foire commence quelquefois en juillet, mais l'affluence et le mouvement des affaires atteignent leur point culminant du 12 au 28 août (vieux style). Quittons le champ de foire, traversons l'Oka et gravissons les collines au pied desquelles s'étend la ville;

de là nous dominerons la foire, qui se tient au confluent de l'Oka et du Volga.

Il était impossible de choisir un emplacement plus favorable. Le Volga est couvert de barques qui ont descendu la Kama depuis l'Oural, chargées de produits sibériens, de fer, de cuivre, d'écorces de tilleul, de chiffons, etc. Elles feront le long voyage d'Astrakan, et, arrivées à la mer Caspienne, elles transborderont leurs cargaisons sur des navires qui les porteront dans les ports de la Perse. Sur l'Oka sont des bateaux lourdement chargés, à destination de Moscou ou du centre de la Russie. Regardez cette barque qui ressemble à un gros vaisseau marchand; elle porte 800 tonnes de blé, et elle est affrétée pour Saint-Pétersbourg. Plus loin, un bateau asiatique attire les regards par les sculptures et les peintures dont il est orné; le long des mâts pendent des pavillons carrés d'aspect bizarre, car c'est un jour de fête, et tous les navires sont pavoisés. Ces grands pavillons carrés sont couverts de signes cabalistiques dorés, argentés, ou revêtus de couleurs vives, à l'abri desquels dort en toute sécurité le marinier superstitieux.

Voyez ces steamers affairés, qui soufflent, fument, entrent et sortent; à la distance où nous sommes placés, ils ne paraissent pas plus gros que des points. Ils se sont donné rendez-vous des contrées les plus diverses; les uns descendent de ces mornes régions de la Sibérie où les sombres sapins sont ensevelis sous la neige; d'autres ont longé les rives étincelantes du Volga et traversé ces déserts sablonneux qui blanchissent sous les rayons d'un soleil brûlant.

Le chemin de fer traverse la plaine qui s'étend à nos pieds; il représente ici la civilisation occidentale, et c'est à son extrémité que viennent se rencontrer l'Europe et l'Asie commerçantes.

Voici deux barques qui se croisent; leurs pavillons portent l'image du même saint, peinte en couleurs flamboyantes; cela indique qu'elles appartiennent au même négociant. L'une contient du thé chinois; l'autre est chargée d'étoffes et de divers produits de l'industrie européenne, qu'elle porte en Chine en échange du thé.

Un grand bateau halé par trente chevaux est plein de pétrole du Caucase; il est suivi d'un autre qui enfonce sous le poids du fer et du cuivre de l'Oural.

Là-bas, sur ce pont de bateaux qui relie la ville au champ de foire, passe un lourd tarentass traîné par six chevaux et escorté d'un escadron de cavalerie irrégulière; les cosaques galopent, le menton ap-

HERBERT BARRY.   14

puyé sur les genoux, leurs longues lances plus ou
moins inclinées. — *Quis custodiet custodes?* se de-
mande-t-on en regardant ces mines de bandits. La
voiture contient de l'or lavé dans les monts Altaï
et qu'on porte à la monnaie de Saint-Pétersbourg.
L'infortuné et poudreux officier qui a la charge du
convoi a transformé de son mieux l'intérieur de la
voiture en chambre à coucher. Il doit connaître sura-
bondamment tous les angles et les aspérités qu'offre
son appartement, depuis six semaines que son voyage
dure sans interruption.

Une autre voiture traverse le pont; celle-ci est
découverte : quel est ce personnage qui se prélasse
dans le fond en fumant son cigare?

Ce ne peut être qu'un Anglais, d'après le grand
parasol ouvert sur sa tête et l'inévitable portefeuille
rouge posé sur ses genoux. Je crains que ce cigare
ne lui cause des tracas. Bon! je ne me trompais
pas! Tout à coup son isvostchik lance ses chevaux
au grand galop. Un cosaque le poursuit, puis un second; ils sont toute une troupe! L'Anglais croit que
c'est pour lui faire honneur; il se tourne vers eux
et leur sourit agréablement. Il lui en coûtera 25 roubles pour avoir enfreint l'ordonnance qui interdit de
fumer sur le pont ou dans le champ de foire.

Cette rangée de petites baraques en bois peintes en bleu, qui semble plantée en pleine rivière, est effectivement construite sur un banc de sable que l'Oka laisse régulièrement à découvert à l'époque de la foire et que l'eau recouvre pendant l'hiver et le printemps.

C'est la section sibérienne dite aussi *section du fer*. Ces énormes piles de fer que nous distinguons d'ici, le contenu de ces barques venues du nord et encore en train de décharger, celui de beaucoup d'autres qui attendent leur tour, tout cela sera vendu et expédié pendant la foire. Déjà de nombreux bateaux sont en charge pour le sud. Cette branche de commerce a pris une telle importance qu'on construit chaque année un port provisoire destiné à amener le chemin de fer jusqu'au centre de l'île. Dans quelques mois les flots recouvriront le banc de sable et effaceront jusqu'au dernier vestige pouvant rappeler l'importance dont a joui un instant ce coin de terre.

De notre poste d'observation sur la colline, nous embrassons tout le champ de foire; profitons-en pour nous former une idée générale de l'ensemble.

Cette construction régulière a la physionomie d'un bazar; elle est coupée d'étroites rues rayonnant vers un centre commun, et occupée par les marchands am-

bulants, et s'agrandit chaque année. Le grand bâtiment placé au milieu, comme une araignée au centre
de sa toile, est le palais du gouverneur de Nijni-Novgorod. Il habite ordinairement la ville haute et ne se
transporte dans cette résidence que pendant la durée de la foire.

On arrive à son hôtel par derrière, par un large
et magnifique boulevard ombragé d'arbres, qui contraste avec les allées resserrées du champ de foire.
Quelle jouissance, quand on sort de la foule et de la
poussière, d'aller respirer librement sous cette verdure ! Le boulevard aboutit à une belle église. Une
autre église plus petite, très-aimée du peuple, est
située de l'autre côté de la maison du gouverneur
et fait face à la rivière ; elle a été construite par
les marchands, en commémoration du lâche attentat
commis contre le tzar en avril 1866.

De chaque côté de la chapelle flotte un drapeau
d'apparence chinoise. Ces deux drapeaux indiquent
que la foire est commencée ; on les hisse en grande
cérémonie le jour de l'ouverture, et on ne les baisse
que lors de la fermeture. Portez vos regards au delà
du champ de foire, sur les rives du Volga ; vous distin-
guerez de petits monticules brunâtres alignés au bord
du fleuve. Les uns sont formés de chiffons de la

Sibérie, d'autres d'écorces de tilleul qui serviront à fabriquer des nattes. Un peu plus loin est un amas monstrueux de pierres meulières de l'Oural, de quoi desservir le moulin magique qui moud le sel au fond de la mer. Demain, cette montagne de pierres sera embarquée et remplacée par une autre.

La bourse est ce bâtiment de bois au toit peint en bleu, situé près de l'autre extrémité du pont. Cette foule qui se presse dans son enceinte est presque entièrement composée d'armateurs dont les bateaux attendent un fret pour l'Oural ou la mer Caspienne, pour Saint-Pétersbourg ou Astrakan indifféremment. Leur flotille se dispersera le long de ces routes silencieuses qui sont comme les artères de l'empire et qui portent jusqu'à ses extrémités la force et la vie. Voilà les hommes qui vous transporteront vos acquisitions; leurs barques sont amarrées au rivage et vous avez sous la main le traktir où vous faites votre marché en buvant un verre de thé.

Maintenant, jetez les yeux autour de vous, cela en vaut la peine ; partout vous apercevrez des indices du développement et des progrès de l'industrie. Ce chantier, à votre droite, est celui de Kolschin, où il y a beaucoup de navires en construction et où l'on vient de poser les quilles de trois bateaux à vapeur,

14.

qui d'ici un an navigueront sur le Tobol en Sibérie.

Remarquez de l'autre côté de l'Oka, au-dessus du champ de foire, ce grand bâtiment en briques rouges, pourvu d'une énorme cheminée. C'est une scierie qui débite des planches destinées à la construction des wagons. Plus haut encore vous voyez une usine importante dont les nombreuses cheminées vomissent des flammes; c'est une grande fabrique d'acier, dont le propriétaire est un très-gros négociant à la tête d'un capital de 10 millions de roubles; il n'en est pas moins si près regardant dans les petites choses, que quand il reçoit une lettre il prend l'enveloppe et la retourne afin de la faire servir une seconde fois.

Descendons maintenant de notre poste élevé et entrons dans cette fournaise échauffée par un soleil ardent et où s'agite dans un nuage de poussière une foule affairée.

Nous sommes au 15 août, le jour le plus animé de la foire, celui où il se fait le plus d'affaires; la date à laquelle il faut faire honneur à toutes les traites en circulation.

Les immenses quantités de marchandises empilées en dehors des boutiques et protégées contre la pluie par des nattes, donnent au champ de foire un aspect original. Les nattes ne sont pas une vaine précaution, car il pleut quelquefois à torrent, et alors les rues sont recouvertes d'une boue liquide dans laquelle le pied enfonce jusqu'à la cheville, mais qui, tout en présentant ses désagréments, est encore préférable à la fine poussière qui vous aveugle par les temps secs. Un quartier de la foire est exclusivement consacré aux produits indigènes ; nous y retrouvons ces coffres peints de plusieurs couleurs et reliés par des cercles de métal, qui sont une véritable institution nationale et que tout paysan ou paysanne ambitionne pour y serrer son petit avoir qui trop souvent ne remplit pas le coffre. •

Ces urnes en cuivre poli servent à faire le thé. On les nomme des samovars et elles viennent de Toula, sur l'Oka, près de Moscou. Chacune d'elles est accompagnée d'un cadenas compliqué, car le Russe aime en toutes choses le recherché et l'ingénieux ; il méprise-rait profondément un bon cadenas tout simple et une clef comme toutes les clefs. Les cadenas de samovars sont faits en conséquence. A certains d'entre eux il faut pousser deux ressorts pour rendre le trou visible ; d'autres, au contraires, ont un trou apparent ; mais la clef ne peut y entrer que quand on a poussé un ressort secret. Le plus grand nombre s'ouvre avec une hélice dont le pas ne peut s'adapter qu'au cadenas pour lequel il a été fait.

Voici des tapis de Sibérie, fabriqués avec une laine longue et rude, et dont le tissu et le dessin sont également originaux. Les paysans aisés s'en servent pour recouvrir l'arrière de leurs traîneaux. Ces tapis ne se fabriquent qu'en Russie. J'en ai cependant vu un à la devanture d'une boutique de Londres avec cette rubrique: « Tapis perse »; mais je l'ai reconnu comme ayant fait partie d'un ballot que j'avais expédié chez moi de Nijni-Novgorod, et qui ne contenait que des tissus fabriqués à Tumen en Sibérie. Les papiers de tenture se distinguent par la netteté des dessins; c'est une branche d'industrie dans laquelle les Russes font preuve de beaucoup de goût.

Cette espèce de grosse étoffe poilue que marchande un paysan de la Petite-Russie s'appelle du *voilok*. C'est du feutre fait de poil de vache comprimé. Les Russes l'emploient à différents usages ; une feuille de voilok leur tient lieu de matelas, et c'est avec ce même feutre qu'ils font leurs bottes d'hiver.

Puisque nous voici chez le gouverneur et que nous savons qu'il reçoit, allons lui présenter nos hommages.

Tandis qu'on fait passer nos noms au grand homme,

nous sommes introduits dans une vaste antichambre remplie de fonctionnaires qui attendent leur tour d'audience. Ils sont en costume de cour, le chapeau retroussé sous le bras, l'épée au côté, constellés de décorations. Il s'en trouve dans le nombre dont l'uniforme ne voit probablement le jour qu'à de rares intervalles ; les malheureux ressemblent, sous leurs broderies, à des mannequins pour effrayer les oiseaux. J'en ai justement un à côté de moi ; ses traits grimacent un sourire stéréotypé qui dénoterait un idiotisme complet, s'il ne fallait l'attribuer aussi à un état de malaise. Il est vêtu d'un uniforme râpé et démodé qui doit avoir appartenu jadis à un ministre et est beaucoup trop étroit de la poitrine. Il tient un tricorne sous le bras et une épée courte lui bat les mollets. Ses gants de peau, luisants et raccommodés, sentent la térébenthine d'une lieue et n'en sont pas moins trop justes pour sa main. Enfin, il est tellement tiré à quatre épingles, pommadé, empesé et sanglé, qu'on dirait vraiment que s'il remue seulement les yeux tout va craquer. Il est procureur dans une petite ville de province, et il est venu consulter Son Excellence sur « une affaire ». J'avais eu moi-même *affaire* à ce fonctionnaire très-peu de temps auparavant ; son costume et ses manières m'avaient alors rappelé les escrocs des courses de Hampton. Le tremblement nerveux qui agite visiblement tout le corps de cet homme inspire à mon ami une mauvaise opinion du gouverneur; mais il change promptement d'avis lorsque je le présente à un général d'âge moyen, à l'aspect jovial, et dont tous les traits expriment la bonne humeur et la bonté; il bavarde longtemps avec nous d'une façon fort aimable, nous raconte les nouvelles de la foire et donne à mon ami la plus haute idée des fonctionnaires russes.

Ce n'est pas seulement un homme du monde charmant, c'est aussi un gouverneur honnête, actif et vigilant. Si tous les gouverneurs de province ressemblaient au général O..., les choses iraient infiniment mieux qu'elles ne vont. Nous prenons congé et nous sortons.

Le bas de la maison du gouverneur est disposé en bazar; il est divisé en petites boutiques dont les marchands représentent assez bien un musée ethnologique. Le premier comptoir est couvert de ces chalets suisses que nous connaissons tous depuis notre enfance, d'églises, de chamois, de chèvres et d'autres objets en corne sculptée de fabrique suisse. Le marchand fait l'article au public dans le patois de l'Oberland.

Le compartiment suivant est occupé par un disciple barbu du faux prophète, un naturel de Boukhara, assis majestueusement et silencieusement au milieu de soieries, de cachemires, d'écharpes et d'autres chiffons indiens.

En face de lui est un Tartare à la figure d'oiseau de proie, à l'expression rapace, qui a apporté de Perse une cargaison de turquoises ; il a pour voisin un gigantesque Russe d'Ékaterinebourg en Sibérie ; ce léviathan est en même temps un gros négociant, car il étale devant lui un assortiment de pierres précieuses de grand prix ; vient ensuite un Circassien aux traits délicats et aux longs cheveux, vêtu du costume pittoresque de son pays ; des objets en filigrane d'argent sont exposés devant lui ; nommons encore un adorateur du feu, de Shiraz, qui vend des tapis perses fabriqués par lui ; un Parisien qui offre des gants de Paris, en chevreau ; un soi-disant Anglais dont la boutique est pleine de joujoux allemands ; un marchand de lunettes et un opticien de Berlin, etc.; toutes les nationalités sont représentées, et à chaque boutique nous trouvons un type nouveau.

Tous ces gens sont affairés, se mentent effrontément à la face l'un de l'autre et s'efforcent d'attraper le public. Le marchand de Boukhara cache ses soieries persanes sous son comptoir et s'efforce de faire

passer des contrefaçons fabriquées à Moscou. Le Circassien a des imitations de Toula qui ne sont ni aussi
solides ni aussi coûteuses que le vrai filigrane de son
pays ; il n'est pas jusqu'à ce dévot persan, si plein
de dignité, qui ne vende aux profanes des tapis qui
ne portent pas le cachet de plomb de la douane,
auquel on reconnaît les marchandises véritablement
étrangères. Bref ils sont tous également voleurs, et
pour acheter à cette foire il est bon d'avoir d'excellents yeux ou d'être connaisseur, à moins de se ré-
signer à être trompé.

J'entends d'ici le lecteur s'écrier, en refermant
son porte-monnaie avec un sourire complaisant :

« Bah ! quand on me volerait un peu ! le plaisir
d'avoir affaire aux représentants de tant de grandes
nations vaut bien quelques louis. »

Il y a de la cruauté à lui enlever ses illusions ; c'est
pourtant ce que je suis obligé de faire.

Ce beau Circassien est un marchand arménien,
domicilié à Saint-Pétersbourg où il est bien connu.
Le vrai croyant est natif de Nijni-Novgorod même.
Le Tartare aux turquoises, dont la physionomie
semble révéler toute une vie de dangers et d'aven-
tures, est un paisible citoyen de Moscou qui tient une
petite boutique dans le gostini-dvor de cette ville.

Quant au géant sibérien, il est plus authentique que
certaines de ses marchandises, car je l'ai vu moi-
même en Sibérie, où il ramassait probablement ses
pierres.

Le fabricant de tapis n'est pas de contrebande non
plus; c'est un gros négociant, et il ne manque pas
d'instruction. En causant avec lui, j'émis l'idée que
ses tapis de Perse se vendraient mieux à Londres qu'à
Nijni-Novgorod.

« Effectivement, me répondit-il : aussi j'en envoie
beaucoup à Londres; mais il y a trente-cinq ans que
ma famille suit la foire, et nous tenons à continuer.
C'est une distraction, une occasion de voir du monde
et de se mettre au courant de ce qui passe. Nous ne
faisons pas nos frais; mais nous n'aimerions pas à
discontinuer. »

Il se garde de parler des tapis qui ne portent pas
le cachet de la douane et qui doivent l'aider à faire
ses frais. En tous cas, il est fort poli, et comme je
n'avais encore jamais eu l'occasion de faire la connaissance personnelle d'aucun de ses compatriotes, je
lui exprimai le désir d'entrer dans la partie réservée
de la travée persane. Il me présenta officiellement à
un cénacle de graves personnages coiffés de hauts
bonnets noirs, et fort courtois, en disant qu'à la vérité

j'étais chrétien, mais que je n'avais aucune intention de les froisser en rien. Là-dessus il retourna à ses occupations, que j'avais interrompues et qui consistaient à fumer des cigarettes et à enrouler gracieusement sa longue moustache autour de son doigt.

La section persane contient des soieries, des fruits, des tapis de tous genres, des couvertures à longs poils venues du Caucase, de la droguerie de l'Asie centrale, des pantoufles richement brodées de Téhéran, des robes de chambre de Meshed, à dessins du genre cachemir et à teintes vives et chaudes, des turquoises des environs de Hérat; tout cela paraît authentique, mais est de qualité très-variable. Le marchand persan ne surfait pas les prix comme le Russe; il cherche à voler sur la *qualité* plutôt que sur le prix. Ainsi je demandai le coût d'une pièce de soie rouge qui était soigneusement roulée; on me répondit qu'elle valait 25 copecks l'archine (20 sols le mètre); en la déroulant, je m'aperçus qu'elle devenait de plus en plus mince; assez épaisse au début, elle finissait par être claire comme de la mousseline. J'en fis timidement l'observation à l'honnête trafiquant, qui se contenta de hausser les épaules en disant : « Que voulez-vous qu'on vous donne pour 25 copecks l'archine? »

Le mobilier des appartements particuliers des Persans est des plus simples : un banc incliné qui sert de divan, beaucoup de coussins et de tapis; il ne leur en faut pas davantage.

Laissons-les là et pénétrons dans la travée occupée par les Boukhares. Nous sommes arrêtés dès la première boutique par un spectacle qui ferait la fortune d'un musée de figures de cire.

Cinq Boukhares de distinction sont assis en demi-cercle et les jambes croisées sur le comptoir, devant un stock de coton; leurs belles figures mâles sont cuivrées ou bronzées, leurs cheveux sont de la couleur du jais et leurs yeux noirs, vifs et perçants, semblent lancer des flammes. Tous les cinq sont vêtus de magnifiques robes de soie et couverts de bijoux; celui du milieu, qui est évidemment le chef, se distingue des autres par un caftan de mille couleurs et une ceinture d'argent surchargée de pierres précieuses, principalement de turquoises. Leurs facultés étaient évidemment absorbées dans la contemplation de leur propre splendeur, au détriment de leurs affaires. Je demandai au vieux combien valait une pièce de soie mise en montre devant lui; je fus récompensé de ma peine par le beau regard de cinq paires d'yeux brillants braqués sur moi à la fois; mais ce fut tout; per-

sonne ne daigna me répondre. Au bout de quelques
instants apparut un domestique qui m'expliqua que
ces beaux seigneurs aux riches costumes n'étaient là
que pour la vente en gros, et que c'était lui, leur
domestique, qui faisait pour son propre compte le
commerce de soieries au détail.

Ces hommes étaient venus à Nijni, revêtus de leurs
plus beaux habits, pour vendre une récolte de coton
et acheter en échange de la tôle. S'ils avaient voulu
faire le commerce en gros de leurs photographies,
je me serais offert pour être leur agent à Paris ou à
Londres avec une faible remise.

A gauche de la travée boukhare est une rangée
de boutiques remplies d'une espèce de tissu d'or,
d'argent, ou de fils de diverses couleurs, qui ne se
fabrique qu'en Russie et qui s'emploie pour la con-
fection des costumes de prêtres ou des ornements d'é-
glise ; à ces étoffes s'en mélangent d'autres du même
genre, seulement plus fines et plus belles, qui s'ex-
portent dans tout l'Orient, spécialement en Perse, où
on en fait les pantalons de femme.

Il y a aussi une section tartare, où s'étalent des
bottes de cuir de toutes nuances, des pantoufles, etc.
Un des marchands fait difficulté de me vendre une
paire de pantoufles intitulée *pantoufles de mosquée,*

parce que « n'allant jamais dans les mosquées, je n'en ai pas besoin. » Il fallut du temps et de la persévérance pour lui faire comprendre que cela ne regardait que moi.

Dans la même travée se trouve un mélange de tout ce que peuvent produire la Russie et l'Orient : du caviar, de la rhubarbe, de la colle de poisson, des noix de bétel, une variété infinie d'objets de fabrique russe, des bibelots sans fin, de Paris, de Londres, de tous genres et de toutes dates, l'invention nouvelle à côté de la fantaisie démodée, enfin tout ce qu'un marchand peut imaginer de vendre, et bien d'autres choses encore qu'il serait embarrassé de nommer dans une circulaire commerciale.

Les transactions sont sérieuses et atteignent un chiffre énorme ; les affaires se font vite, sans paroles inutiles.

Dans la section sibérienne se trouve un négociant auquel j'ai souvent affaire ; il me fait l'honneur de m'inviter à dîner. Quoiqu'à Nijni il n'ait pour bureau qu'une misérable cabane, une de ces huttes à toit bleu dont j'ai fait la description, c'est un des plus riches et des plus hardis commerçants de toute la Russie ; disposant d'un capital de 20 millions de roubles, il étend ses opérations d'une extrémité de

l'empire à l'autre ; quand on lui demande où il a
des agents, il répond fièrement : « Dans toutes les.
villes, depuis Archangel jusqu'à Astrakhan. »

Son dîner est nombreux ; il a pour convives de gros
marchands russes, des propriétaires ou des directeurs
de grandes entreprises industrielles. D'après mes cal-
culs, ses invités représentent ensemble plus de cinq
millions d'acres de terres.

Au nombre des convives était un magnifique vieillard à qui une longue barbe blanche donnait un air
de patriarche. Il avait été dans sa jeunesse cocher du
père de notre hôte, fondateur de la maison ; mais
depuis trente-cinq ans c'était l'aide de camp et pour
ainsi dire le bras droit du patron. Il fait partie de
ce qu'on appelle les vieux croyants. Il passe pour
n'avoir pas son pareil dans toute la Russie pour
conclure un marché ; suivant un usage assez répandu chez les gens de sa classe, quand il traite une
affaire il feint d'être sourd pour se donner le temps
de peser ses réponses ; vous êtes obligé de lui crier
dans l'oreille. Un jour, en chemin de fer, je lui dis
à voix basse :

« Michael Michaelovitch, si nous buvions un verre
de thé ?

— Allons », répondit-il sans hésitation.

C'est un buveur de thé de première force. Je l'ai vu en avaler vingt verres dans une seule séance, sans en être incommodé.

Le dîner était bon et bien servi. Notre hôte avait un chef de Paris, et toutes les raretés que peuvent fournir Nijni, Moscou et Saint-Pétersbourg étaient réunies sur sa table. Je suis tenu d'ajouter que ce n'était pas un festin de cérémonie, mais le dîner de tous les jours; il est d'usage de tenir table ouverte pendant la durée de la foire et d'y recevoir tous ceux avec qui on est en relations commerciales.

Après le repas nous visitâmes rapidement les pagodes de la section chinoise; nous n'y aperçûmes aucun habitant du Céleste Empire, mais bien de vrais moujiks de Moscou et leurs maîtres.

Les rues étaient pleines de Tartares chauves qui s'apostrophaient violemment en faisant des contorsions qui leur donnaient l'air de fous.

Nous jetâmes en passant un coup d'œil au théâtre, qui est convenable, mais bien peu suivi. Nous y vîmes jouer en russe une scène d'Hamlet; on écrit ici Gamlet; le russe n'ayant pas de lettre aspirée, remplace l'H par un G. Il y a à Nijni des endroits plus amusants que ce théâtre à demi vide. Les traktirs sont tous pleins et fort animés; notre choix tombe sur celui qui porte le nom de Barbadienkoes et où on entend les vrais zingaris.

La salle était remplie de gens de toutes classes, mais à peine distinguait-on çà et là un uniforme, soit civil, soit militaire.

Dans les capitales de la Russie, on voit dans tous les lieux publics plus d'employés du gouvernement que de simples civils; mais à la foire de Nijni le commerce règne en souverain absolu.

Des marchands à longue barbe, à l'aspect rustique, buvaient du champagne comme ils eussent bu de l'eau. On ne voyait sur les tables que du champagne ou du thé. A mesure que les Ivans et les Michaels de notre connaissance qui se trouvaient dans la salle nous apercevaient, ils nous envoyaient des verres remplis de vin, et levaient les leurs en l'air pour attirer notre attention et nous provoquer à boire. Cet usage d'envoyer du champagne à un ami pendant que vous buvez à sa santé est général dans tous les rangs de la classe commerçante.

Le public est déjà bruyant et bavard, mais pas encore gris. Cela viendra.

Silence maintenant! Les gipsies prennent place sur l'estrade.

Ils se rangent en deux demi-cercles : les femmes

par devant sur des chaises, les hommes debout un peu en arrière. Le chef d'orchestre se place au centre avec une guitare.

Les femmes portent de brillants costumes aux couleurs voyantes et sont couvertes d'oripeaux. On a souvent célébré, et avec raison, leur beauté. Leur type se rapproche du type des gipsies anglais, avec plus de finesse et une expression plus intelligente.

Cependant les plus âgées de la bande avaient perdu la délicatesse de traits qui distinguait les jeunes.

Quant aux hommes, je fus frappé de leur ressemblance avec les juifs.

Lorsque l'auditoire eut fait silence, le chef d'orchestre donna le signal en agitant sa guitare, et une des femmes entonna un chant doux et plaintif qui arracha des cris d'admiration aux auditeurs.

Elle chantait tranquillement, sans effort; ses yeux noirs fouillaient tous les recoins de la salle, et il est possible que la fascination exercée par son regard ait été de moitié dans l'enthousiasme frénétique qu'excita son chant. Je l'ai entendue exécuter ce même morceau dans une fête donnée au grand-duc Vladimir par les marchands de la foire, et elle obtint autant et même encore plus de succès.

Quand elle eut fini éclata un chœur formé de toute

15.

la troupe, dont l'énergie contrastait singulièrement
avec la douceur mélancolique du solo qui avait précédé. Les exécutants semblaient possédés du démon ;
ils criaient, hurlaient, faisaient claquer leurs doigts,
et imprimaient à tout leur corps un mouvement nerveux, comme les almées d'Orient. Pendant ce temps,
l'homme à la guitare, qui était petit et bien fait,
tournait gracieusement sur lui-même en cadence, ses
petits yeux noirs dardant des éclairs tout autour de
la salle à mesure qu'il pivotait. Enfin, l'exécution des
gipsies nous frappa vivement.

Un ethnologiste devrait étudier les gipsies russes,
qui appartiennent certainement à plusieurs races différentes. La majorité, formée de ceux qu'on rencontre généralement dans le voisinage des grandes
villes telles que Moscou et Kazan, n'offre rien de particulier ; les femmes ressemblent aux bohémiennes de
tous les pays, et les hommes ont un type juif très-
accusé, se rapprochant surtout du type de ces juifs
karaïms qu'on trouve principalement en Crimée. Mais
dans le cours de mes voyages j'ai quelquefois rencontré des zingaris qui paraissaient appartenir à une
toute autre race. Ils ont la peau plus foncée, les cheveux longs, noirs et bouclés, les lèvres épaisses, le
nez droit, enfin tout à fait le type égyptien. J'ai re-

marqué que ceux-là aimaient moins les couleurs
voyantes et étaient plus disposés à travailler que ne
le sont la plupart des gipsies.

Je rencontrai un jour de l'autre côté de l'Oural
une tribu appartenant à la deuxième race. Les femmes
étaient au nombre de trente ou quarante et me frap-
pèrent par une particularité bizarre. Elles étaient
toutes habillées de même ; jeunes et vieilles portaient
des robes d'une même couleur foncée et de longs
manteaux de drap tous semblables ; le plus curieux
est que ces manteaux étaient retenus par des broches
exactement pareilles, faites d'un cercle de cuivre de
la taille d'une petite soucoupe. Grâce à cette espèce
d'uniforme, je pris de loin ces bohémiens pour un
convoi de prisonniers, et j'envoyais le starosta du relais
de poste où nous changions de chevaux leur porter
quelque monnaie de cuivre. La scène qui suivit ne
s'effacera jamais de ma mémoire. Les gipsies femelles
mirent littéralement en lambeaux les vêtements du
pauvre diable pour lui arracher les copecks, et
quand il eut distribué l'argent qu'il avait dans les
mains — ce qu'il fit au plus vite pour échapper à
leurs griffes, — elles ne voulaient pas croire que ses
poches fussent vides. Quelques-unes des plus jeunes
étaient admirablement belles ; mais les vieilles avaient

l'air de sorcières. Elles mendiaient avec une ténacité rare, mais d'une autre façon que les véritables gipsies : au lieu de prendre un ton plaintif ou de dire la bonne aventure, elles demandaient avec une rare effronterie.

Dans une occasion semblable, j'ai observé cette même uniformité du costume. Ce sont peut-être des descendants des vraies gipsies, qui, suivant Grellmann, sont originaires de l'Hindoustan. D'après mes observations personnelles, il me semble avéré qu'on ne rencontre ce type que dans les parties de la Russie contiguës à l'Asie centrale ; une particularité qui vient corroborer l'hypothèse de Grellmann, c'est qu'aucun de ces bohémiens ne parle correctement le russe, quoiqu'ils aient eu quatre siècles pour l'apprendre. Leurs mœurs et leurs usages présentent à coup sûr de grandes analogies avec ceux des Indiens; mais, d'un autre côté, il ne faut pas perdre de vue que, comme les autres tribus, ils donnent à leur chef le nom de vayvode, mot dérivé du slave. Il est digne de remarque que les zingaris russes, tout en étant aussi gracieux dans leurs mouvements que leurs frères des autres pays, ont une danse beaucoup plus décente.

Nous gagnâmes ensuite un village situé en dehors

du champ de foire, à quelque distance de la ville ; là nous eûmes le spectacle de gens ivres se vautrant dans la débauche. Ces orgies ne se peuvent décrire ; ceux qui en ont été témoins vous diront « que pour les gens portés à la débauche, il n'y a pas d'endroit plus crapuleux que Nijni-Novgorod pendant la foire ».

Nous retournons vers des plaisirs plus honnêtes, et nous entrons dans un traktir où des Russes en costume national exécutent la danse de leur pays. Le costume se compose d'une chemise rouge, de larges culottes de velours noir, de bottes vernies et d'un chapeau de feutre qui ressemble beaucoup au chapeau plat de la garde royale de la Tour de Londres.

Les danseurs étaient presque tous des enfants ou des jeunes gens ; leur danse, qui consiste à s'accroupir les poings sur les hanches, demande un grand effort musculaire, peu gracieux du reste. Ce spectacle est fort goûté des vrais Russes de toute classe, et l'assistance se composait en grande partie de gros marchands fort honorables. Je trouvai parmi eux une personne de connaissance ; c'était un jeune homme bien mis, à l'air tranquille, mais qui buvait beaucoup trop pour son bien, et qui envoyait des verres de champagne à tous les arrivants. Sur la table placée devant lui s'alignaient au moins douze bouteilles de

rœderer. Deux garçons, habillés de soie persane et
non de coton comme leurs confrères, étaient spécialement attachés à son service. Ce jeune extravagant
s'appelle Karl Karlovitch ; c'est le fils unique et l'associé d'un des plus gros négociants en suif de la Sibérie. Il vient d'avoir vingt-deux ans, et il est venu à
Nijni pour vendre une quantité considérable de suif et
pour « voir le monde », ce qui, d'après lui, consiste
à s'enivrer et à semer l'argent paternel dans les ca-
barets et autres mauvais lieux de Novgorod.

J'eus lieu d'entendre quelque temps après le récit
de ses exploits à cette même foire ; ils laissent bien
loin derrière eux la légende de la grosse de lunettes
vertes. Son trop confiant père et associé avait eu l'in-
croyable imprudence de lui confier du suif pour une
valeur de 600,000 fr., et, comme si ce n'était pas déjà
trop pour un jeune homme de ce caractère d'avoir
entre les mains une somme aussi importante au milieu des tentations de la foire, il lui avait recom-
mandé de veiller de près à la vente du suif, de tenir
ses comptes en règle, mais de bien s'amuser avant
de revenir. Il paraît que c'est là une épreuve usitée
pour l'adolescent russe ; on suppose qu'après une
débauche complète il reviendra dans sa ville natale
dégoûté et disposé à mener une vie rangée.

Des sommes énormes sont souvent gaspillées dans ces occasions; 100,000 francs et plus sont mangés en quelques jours. Karl Karlovitch fit mieux.

Il revint chez lui à l'époque fixée et rendit immédiatement ses comptes. Les livres étaient parfaitement en ordre, les marchés avantageux; le vieillard donna des éloges à son fils, puis il demanda l'argent.

« L'argent ! fit Karl Karlovitch ; je n'en ai pas rapporté un kopeck. J'ai tout dépensé à Nijni. »

C'était vrai; tout avait passé en débauches.

J'ai entendu dire qu'il s'était rangé et qu'il était devenu un des plus solides et des plus habiles négociants de la Sibérie.

Dans ce même traktir se trouvait un autre jeune homme de ma connaissance. Il venait aussi de Sibérie; mais il était plus modeste d'allures que le premier et appartenait à la classe des marchands de la vieille école. Sa mère me demanda un jour si je pensais qu'un voyage à Londres pût être utile au cher enfant. Je le lui conseillai fortement, comme devant contribuer à élargir ses idées sur le monde et sur la société. Il partit effectivement pour l'Angleterre et arriva à Londres à un moment où je m'y trouvais aussi. J'allai au-devant de lui à la station du pont de Londres, et je l'emmenai aussitôt dans la foule.

Il fut si ahuri et si effrayé qu'il ne faisait autre chose que se signer. A la fin il me dit : « Croiriez-vous que ma pauvre vieille mère m'avait assuré que Moscou était bien plus grand que Londres? »

Notre visite au second traktir termina la journée, et nous allâmes nous coucher. Il y a quelques années, il n'existait pas un seul hôtel convenable dans toute la ville; il y en a maintenant deux confortables et propres : l'hôtel de la Poste et l'hôtel Soboleff. Tous ceux qui ont beaucoup voyagé en Russie savent le prix d'un bon lit blanc, où on n'est pas dévoré par les puces et les punaises, qui pullulent dans la plupart des hôtelleries de ce pays.

Le lendemain matin, le temps était magnifique; nous en profitâmes pour aller faire un tour de promenade au bord de la rivière, parmi les Tartares et les moujiks occupés à charger et décharger les bateaux. Ils travaillaient paisiblement en cadence; presque tous chantent, et ils ont l'air aussi heureux que des enfants qui jouent. Pas de disputes, pas de rixes; en revanche ils travaillent assez mollement.

Voici des Russes de chez nous, de la province de Tambov, qui déchargent une barque commandée par un de nos paysans. Nous montons à bord et nous donnons une poignée de main à notre moujik pour lui faire sentir la différence qui existe entre un maître russe et un maître étranger. Un propriétaire russe n'aurait pas plus l'idée de donner une poignée de main à un paysan que de faire un kilomètre à pied, ce qui est la chose la plus invraisemblable que je puisse imaginer.

L'équipage quitte l'ouvrage pour déjeuner. Les hommes se forment en cercle, se découvrent et invoquent debout la bénédiction de Dieu en se signant une dizaine de fois de suite. Ils s'asseyent ensuite autour d'une grande jatte de bois pleine de soupe. Le patron leur distribue du pain noir et des cuillers de bois; ils saupoudrent leur pain avec du sel placé à terre devant eux, puis le patron prend une cuillerée de soupe dans la jatte, l'avale et repose soudain sa cuiller sur le pont; les autres l'imitent à la ronde. Ils continuent ce manége dans le plus grand ordre, jusqu'à ce que la soupière soit vide, se lèvent alors tous ensemble, récitent une autre prière, font le signe de la croix, remettent leurs bonnets et sont prêts à retourner à l'ouvrage.

Cette manière particulière de prendre les repas et cette bonne tenue sont encore des traits tout orientaux du caractère du paysan russe.

Nous entrevoyons au passage le paquebot qui part

pour le Don. La table d'hôte est servie pour le déjeuner; la vaisselle et les cristaux étincellent sur une
nappe éblouissante de blancheur, les garçons se tiennent debout autour de la table, vêtus de frais costumes de coton.

Nous retournons à la foire et nous mettons à
l'épreuve notre habileté.

« Combien ces peaux, Ivan?

— Vingt roubles.

— Vingt roubles! c'est une volerie!

— Par le diable! elles m'en coûtent dix-huit.

— Je vous en donne cinq.

— Barine, vous vous moquez de moi. Tenez (avec
un autre juron), je vous les laisse pour quinze. Elles
m'en coûtent treize.

— Eh bien, je vous en donne dix roubles, mais pas
un seul copeck de plus. »

Il me les laissa sans hésitation à ce prix, et je crus
avoir fait une bonne affaire, jusqu'au moment où
Ivan, ayant empoché son argent, m'offrit vingt
autres peaux semblables à huit roubles pièce. Sur
mon refus, nouveau rabais; il ne les fait plus que
cinq. Je finis par penser que les peaux ne valent pas
même un copeck.

Enfin elles sont achetées, et il s'agit maintenant

de les faire emballer et porter à mon hôtel. Rien
de plus facile. Un Tartare me guettait ; il est embal-
leur de son métier et il fait partie d'une confrérie
d'artisans dont la spécialité est de faire les paquets.
Ils s'en acquittent très-adroitement ; cette opération
a lieu dans la rue, devant la boutique.

Voici de singuliers petits gâteaux bruns qui ont
l'apparence d'asphalte ; c'est ce qu'on appelle du
thé en briques. Les Kalmouks et les Tartares en tirent
leur boisson favorite. Ils le font bouillir dans un pot
avec du mouton, de la graisse, des oignons, etc.
Quand cette espèce de soupe est cuite, on la verse
dans un bol et on la mange avec une cuiller de
bois.

Nous rencontrons partout des Arméniens ; ce sont
les juifs de l'Orient, des gens extraordinairement
rapaces en affaires, mais fort industrieux. Les nombreuses broderies exposées au bazar sont toutes l'ouvrage des femmes de la partie arménienne du Caucase.

Les Persans sont remarquablement polis, bien
élevés et au courant de tout. Si ceux que nous voyons
à Nijni donnent une idée juste de leurs compatriotes,
cette nation est extrêmement raffinée et civilisée.

Un marchand moujik qui achète une robe de soie

pour sa femme nous prie de venir l'aider de nos conseils. C'est une affaire importante. La robe durera
autant que la vie de la bonne dame et passera même
à ses héritiers. L'homme est tenté par une moire
antique jaune; mais le nom de cette étoffe est in-
compréhensible pour lui, et il me demande de lui
expliquer ce que c'est. Je lui réponds que c'est une
étoffe anglaise, ce qui le décide immédiatement à
l'acheter.

Dans le même magasin, une vieille femme marchande un mouchoir de soie pour la tête. Elle a fait
prix pour un mouchoir qui ressemble à un arc-en-
ciel vu à travers un kaléidoscope; mais elle n'est
pas encore satisfaite et elle demande au patient boutiquier un modèle où il y ait plus de couleurs différentes. Le marchand, qui avec son air placide est
un plaisant dans son genre, lui répond avec un grand
sérieux « qu'on n'a pas inventé d'autres couleurs que
celles qu'il y a sur ce mouchoir ».

Nous entrons dans le restaurant par excellence de
la foire, celui où Nikite Egoreff vous sert de tout ce
qui est bon, que ce soit de saison ou non. Nous com-
mandons un faisan et nous prenons place devant une
fenêtre qui donne sur la basse-cour. Presque aussitôt
nous voyons apparaître notre garçon qui, aidé de

plusieurs camarades, donne la chasse aux faisans.
Nous en concluons que le nôtre sera probablement
un peu coriace ; mais comme la chasse est longue,
nous espérons que cela l'attendrira.

Tout en attendant, nous apprenons les nouvelles
intéressantes de la foire ; que P... a acheté trois
millions de *pouds* de fer ; que le coton de Boukhara
ne se vend pas ; que le thé a augmenté de prix ; que
les Russes accordent une grande préférence au thé
de caravane sur tous les thés venus par mer ; plusieurs lignes de chemin de fer ont été concédées ;
l'argent est bon marché ; le commerce en général va
bien et la Russie prospère.

Après le repas, nous allons fumer un cigare dans les
égouts. Il est défendu de fumer dans le champ de foire ;
mais les égouts forment des rues souterraines régu-
lières et bien aérées, dont les voûtes sont fort élevées ;
on y pénètre par de petites tours rondes qui donnent
accès à des escaliers construits à intervalles égaux ;
une eau courante y entretient une propreté remarquable. Le moujik vient s'y livrer au plaisir défendu
et parfume ainsi l'atmosphère d'une pureté douteuse.
Notre curiosité se trouve rassasiée avant la fin du
premier cigare.

Nous sortons de terre près d'un changeur ; il a,

ainsi que tous ses confrères, une sorte de boutique
ouverte à la mode orientale. Les changeurs font
énormément d'affaires ; il faut que la quantité d'argent en circulation à la foire soit prodigieuse. L'industrie du change est tout entière entre les mains
d'Arméniens ou de vieux croyants appartenant à
l'exécrable secte des scoptsi. Ils sont généralement
assez honnêtes ; j'ai cependant entendu dire qu'ils
achetaient volontiers les faux billets de banque pour
les revendre, je crois, comme tels.

La musique militaire joue derrière la maison du
gouverneur ; nous nous asseyons quelques instants
sur un banc pour jouir du spectacle de la promenade
du soir sur le boulevard. Nous voyons passer les oi-
sifs de la foire, qui viennent ici prendre l'air ou
jouir du soleil ; ils se promènent par petits groupes
sous les arbres, parlant peu, apparemment absorbés
par des soucis d'interêt.

Le long du boulevard paradent de nombreux
droschkis attelés à la vieille mode russe : un des deux
chevaux placé dans les brancards, l'autre attelé en
volée et galopant de côté. Ce genre d'équipage, considéré à Saint-Pétersbourg et à Moscou comme très-
aristocratique, et, par un caprice bizarre, usité dans
toutes les villes de quelque importance par le chef

de la police, est abandonné à Nijni aux femmes du demi-monde. Il nous reste quelques heures avant le départ du train de Moscou, et nous en profitons pour faire un dernier tour de foire, prenant note ,des différentes sections et des marchandises qu'elles contiennent. L'une est consacrée à la droguerie et aux produits chimiques, une autre aux peaux, une troisième aux objets en argent. Tout cela est bien ordonné, bien entretenu, soigneusement épousseté.

Nous montons sur le clocher d'une église pour voir l'ensemble du champ de foire, à qui sa situation au confluent de l'Oka et du Volga assure le bénéfice de plusieurs kilomètres de quais.

Pouvant encore disposer de quelques minutes, nous entrons dans un cirque, sûrs d'y trouver beaucoup de femmes tartares. Effectivement la salle en est pleine; elles sont si bien enveloppées dans leurs châles qu'on ne comprend pas comment elles peuvent voir quelque chose ou comment elles n'étouffent pas de chaleur. Mais la locomotive siffle, le train va partir, nous nous hâtons de prendre nos billets. L'Europe et l'Asie se donnent la main dans notre wagon. Nous avons pour compagnons de voyage six musulmans de Boukhara qui, après le départ du train, se livrent à de longues pratiques religieuses: ils de-

mandent sans doute au Prophète de guider leurs pas
au milieu des infidèles de l'Occident et de leur. donner un prompt retour à leurs foyers. De notre côté,
nous pensons d'avance à notre prochaine arrivée,
dans cinq jours, à Charing-Cross ou à la station de
Cannon-street.

Je me suis d'autant plus longuement étendu sur la
foire de Nijni, que sa splendeur est peut-être destinée
à une prochaine décadence. Pour le moment, c'est le
plus grand et le plus merveilleux marché du monde;
pendant deux mois, plus de deux cent mille personnes
font pour 400 millions de transactions, et presque
toutes les marchandises vendues sont livrables sur
place et au comptant; ce système d'affaires, aboli sur
presque toutes les grandes places de commerce, va
probablement disparaître aussi à Nijni, par suite des
progrès des chemins de fer, quoique cette ville, par
sa position unique sur la limite de deux mondes,
puisse offrir une variété de produits et attirer un
nombre d'acheteurs qu'il serait impossible de réunir
ailleurs, et qu'elle ait, pendant quarante-cinq ans,
réglé pour toute l'Europe le cours de certaines denrées.

CHAPITRE XI.

LA QUESTION DE L'ASIE CENTRALE.

J'ai quelques remarques à faire sur ce qu'on appelle les empiétements de la Russie dans les provinces asiatiques qui avoisinent notre frontière indienne du nord-ouest. Mais il faut auparavant m'arrêter un moment sur les procédés du gouvernement impérial d'autrefois et sur ceux des khans eux-mêmes, afin d'établir comment la question se pose de nos jours.

Le plus ancien acte officiel dont le souvenir ait été conservé est l'ambassade envoyée, en 1557, à Ivan le Terrible par le khan de Khiva. Elle avait pour but de demander la permission de commercer avec la Russie, et elle fut suivie de plusieurs autres dans la dernière moitié du seizième siècle.

Au commencement du dix-septième, les Khivains se plaignirent des incursions des cosaques de l'Oural, qui avaient abusé des facilités accordées au commerce pour prendre Khiva. Les cosaques ne jouirent pas

HERBERT BARRY. 16

longtemps de leur triomphe et furent bientôt conquis à leur tour.

En 1662, le khan sollicita la protection du tzar Michel; mais ce fut seulement en 1702 que, sur la demande du khan, le tzar Pierre le prit sous sa « protection » et devint le suzerain des Khivains.

Ce fut donc Pierre le Grand qui le premier manifesta l'intention d'ouvrir au commerce russe une route vers l'Inde. En 1715, il dirigea vers ce pays, *vià* Khiva, une caravane de marchands. Il est bon de mentionner ici, pour jeter plus de jour sur les desseins de Pierre le Grand, qu'au même moment il faisait partir pour la Chine une expédition analogue.

Quelques années après, ce monarque envoya au khan un nouvel ambassadeur; mais celui-ci fut assassiné et les gens de sa suite furent vendus comme esclaves.

L'objet de cette mission était surtout de contrôler l'exactitude des renseignements qui étaient parvenus à Pierre relativement à de riches gisements d'or situés, disait-on, le long des rives de l'Oxus. Les recherches qui furent faites ne confirmèrent pas les premiers rapports, et, à la mort de Pierre, les relations entre Khiva et la Russie restèrent ce qu'elles avaient été auparavant. Le khan continua à envoyer

des missions pour conclure des traités de commerce
qui étaient aussitôt rompus par les Khivains.

Il faut pourtant attribuer à Pierre le Grand un acte
important; ce fut lui qui bâtit en 1768 le fort de
Sémipalatinsk, le premier de la chaîne de forts destinés à protéger le commerce sur la frontière d'Asie.
Il avait senti la nécessité d'ouvrir aux traficants russes
cette partie du monde.

Ses successeurs Elisabeth et Catherine II reçu-
rent de fréquentes ambassades dont les résultats furent toujours les mêmes. Vers 1800, non-seulement
les Khivains cessèrent ces avances, mais ils ne voulu-
rent plus reconnaître l'autorité des tzars. Ils élurent
un khan qui déclina toute relation avec les Russes, et
qui commit même des déprédations sur leur territoire.
Cette politique devint de plus en plus agressive, et
en 1802 les Khivains refusèrent le passage à un ambassadeur russe qui se rendait en mission à Boukhara.

Cette dernière contrée était depuis longtemps en
meilleurs termes que les Khivains avec les Russes,
probablement à cause de son éloignement qui dimi-
nuait les occasions de querelles.

L'empereur Paul, irrité des procédés du khan, résolut de s'emparer de Khiva, et assembla dans ce but,
à Orenbourg, une armée de cinquante mille hommes.

La mort de Paul vint couper court aux projets de conquête, et son successeur Alexandre, qui avait eu d'abord l'intention de poursuivre la guerre, changea d'avis et licencia l'armée d'Orenbourg.

En 1835, cependant, les opérations recommencèrent; en 1839, Nicolas dirigea une armée de ce côté et lança le célèbre manifeste d'Orenbourg. En 1840, le khan comprit la situation, et en 1842 fut conclu entre la Russie et Khiva le premier traité effectif. Cependant les tiraillements continuaient; on se fit pendant plusieurs années une sorte de guerre de guérillas, et c'est seulement depuis 1856 que le pays peut être considéré comme relativement calme.

Les khans de Boukhara avaient envoyé bien des ambassades en Russie vers le commencement du siècle, toujours dans le but de persuader aux Russes de nouer avec eux des relations commerciales.

En effet, les khanats de Boukhara et de Kkiva, et indirectement celui de Khokand, tiraient de Russie certaines matières de première nécessité telles que les métaux, les teintures, l'or, etc., et désiraient par cette raison conserver de bons rapports avec ce pays.

Mais leurs guerres intestines continuelles, leurs jalousies de tribus à tribus faisaient qu'il était bien difficile d'établir avec eux un commerce régulier.

Que faut-il conclure de l'esquisse historique qui précède? Justifie-t-elle ceux qui attribuent à la Russie une politique tendant à la conquête de l'Inde? Je ne le pense pas. D'abord toutes les négociations avec les khans montrent que ce sont eux qui voulaient nouer des relations commerciales avec les Russes, et que les Russes ne cherchaient nullement à subjuguer les khans. Personne, je le pense du moins, ne suppose que Pierre le Grand ou Catherine II eussent l'intention de s'emparer de l'Inde. Pierre avait l'esprit trop pratique pour ne pas voir que s'il accomplissait cette conquête, c'en était fait du plan qu'il avait conçu de consolider son empire, et Catherine II convoitait trop ardemment la Turquie pour se préoccuper de l'Inde. On le vit bien après que la Crimée eut été déclarée indépendante de la Turquie par le traité de Kanardiz; Catherine prit le khan de ce pays sous sa protection, et Constantinople devint l'objectif avoué de la politique russe.

Les Russes avaient certainement de bonnes raisons pour chercher des débouchés dans l'Asie centrale, et de meilleures encore pour tourner vers l'Inde des regards de convoitise; mais ce sont seulement les derniers empereurs qui se sont préoccupés du commerce avec le sud de l'Asie.

16.

Après les essais que nous venons de mentionner, il semble que bien des années se soient écoulées avant qu'on ait fait de nouvelles tentatives dans la direction de l'Inde. Je ne puis trouver aucun fait historique à l'appui de cette opinion, si répandue pourtant, que la politique traditionnelle des tzars a visé et vise encore à la conquête de l'Inde. Je soutiens, au contraire, et tous les faits le prouvent, que cette politique n'a qu'un but commercial.

Les déserts de l'Asie eux-mêmes, étant parsemés des plus fertiles oasis du monde, peuvent produire beaucoup de matières premières précieuses. Le coton, qu'il est si important pour la Russie de récolter chez elle, ou du moins de recevoir par voie de terre et par l'intermédiaire d'un peuple tributaire, est une de ces denrées de première nécessité que toute nation s'évertue à acquérir, et la Boukharie, si elle était paisible, en fournirait une quantité suffisante pour alimenter tous les métiers de l'empire russe.

On y trouverait aussi en grande abondance la soie et une foule d'autres matières premières qui balanceraient l'importation des produits manufacturés.

Ainsi que je l'ai déjà fait remarquer, les objets de fabrication russe conviennent surtout à l'Orient, où, comme chacun sait, on exige un genre particulier.

Les fabricants russes excellent à saisir ce genre ; ils se sont inspirés du goût asiatique dans beaucoup de leurs produits, et c'est en Asie qu'ils trouvent leurs plus fidèles pratiques. Les Russes ne profiteront pas seulement de la consommation de ces provinces, mais encore du trafic étendu qu'ils vont établir avec des contrées dont ils ne pourraient jamais rêver la conquête.

A travers la petite Boukharie, ils peuvent communiquer avec une portion du Céleste Empire, dont l'immense population demandera certainement à la Russie une masse de produits manufacturés et l'approvisionnera en retour de matières premières, par une voie plus facile que celle de Maïmatchin et de Kiachta, à l'extrême nord-est. L'Inde offre des ressources encore plus grandes ; n'est-ce pas elle qui produit l'indigo, le coton, le café, les épices, etc., c'est-à-dire ce qu'il y a de plus nécessaire pour un empire comme la Russie? C'est là une considération qui ne peut être perdue pour un peuple qui s'éveille peu à peu à la vie commerciale.

En échange de ces trésors, la Russie donnera ses étoffes, ses cotonnades, sa coutellerie, ses objets de fantaisie, et établira ainsi un trafic considérable.

En dépit de ce que je lis partout, je tiens à ré-

péter que les Russes peuvent lutter avec les manufactu-
riers du reste de l'Europe pour bien des articles, pour
les étoffes par exemple. Ils envoient les leurs en Chine
par le long détour de Kiachta, et elles se vendent à
Pékin meilleur marché que les tissus anglais, bien
que ceux-ci soient arrivés par mer.

Chez les Russes, la nécessité a développé l'industrie des transports. Il n'y a pas un peuple au monde
qui s'acquitte de cette besogne aussi bien et à aussi
bon marché. Aussi doivent-ils très-bien voir les
grands bénéfices que leur procurerait le transit des
marchandises indiennes. Dès que les hordes asiatiques des steppes seront subjuguées, ils pourront
compter sur d'énormes transports à effectuer de
l'Inde en Angleterre et de l'Angleterre dans l'Inde.
Ce transit est actuellement impossible à cause des
difficultés de la route; mais on peut utiliser le
Sir-Dardia et l'Amou-Daria, et, grâce à ces fleuves,
faire tomber les prix à un taux raisonnable. Aujour-
d'hui déjà, quoique le parcours se fasse entièrement
par terre, sauf une courte navigation sur le Volga,
entre Samara et Nijni-Novgorod, la soie va de Boukhara à Saint-Pétersbourg moyennant 20 centimes
par livre.

J'ai donc le droit de soutenir que les intérêts de

la Russie ne permettent pas de supposer qu'elle convoite notre joyau oriental. Au point de vue militaire, la chose est plus improbable encore. La Russie, avec ses quatre-vingts millions de milles carrés, a une frontière assez vaste à garder sans mettre les montagnes de l'Inde entre son territoire et une horde de sauvages imparfaitement soumis. Ses soldats sont, plus que ceux d'aucune autre nation, incapables de braver les climats très-chauds. Si elle envoyait une armée de l'autre côté de l'Hindou-Kush, ce serait une répétition en sens inverse de la marche de Napoléon sur Moscou, et le résultat serait aussi fatal.

En outre, elle ne pourrait administrer un pays comme l'Inde ; elle n'a pas le personnel qu'il faut pour cela. L'Angleterre a employé des années à faire l'éducation de ses fonctionnaires, et ceux-ci, après tout, s'en tirent médiocrement.

Avant d'atteindre l'Inde anglaise, il y a les Afghans à soumettre. C'est une entreprise devant laquelle les Russes reculeraient, et avec raison, car ils laisseraient les nomades des khanats entre eux et leur base d'opérations.

Si les Russes nourrissaient des idées de conquête, pourquoi se donneraient-ils la peine de traverser les khanats? Ils pourraient arriver dans l'Inde bien plus rapidement par la mer Caspienne que par Boukhara, et ils gagneraient par là une base d'opérations parfaitement sûre.

Il est possible que les souverains de la Russie, comme l'affirme M. Namberg, aient conçu le projet d'annexer les trois khanats pour former ce grand royaume tartare rêvé en 1500 par Ivan Vassiliévitch ; mais ce n'est pas une raison, je le répète, pour prétendre que la Russie a des desseins sur l'Inde. Au point de vue militaire et politique comme au point de vue commercial, il est impossible qu'elle ait de telles visées.

Il est sans doute difficile pour le peuple russe de pénétrer la politique du gouvernement, car il n'y a pas de discussions publiques sur les intentions de l'empereur ou sur les vues des ministres. Mais, à en juger par les journaux, la presse, l'opinion générale approuve la sage modération du gouvernement, qui dompte ces hordes sauvages dans le seul but de développer le commerce national, tandis que tout le monde tourne en ridicule l'idée d'un mouvement sur l'Inde.

Les Russes voient dans leurs récents progrès vers l'Asie centrale une politique analogue à celle que l'Angleterre suit dans les Indes. Ils comprennent la vérité de cette remarque d'un de leurs écrivains les plus distingués : « Les Anglais représentent en Asie l'avénement de la civilisation et de l'humanité ; ils ont mis fin au règne du brigandage, lui ont substitué celui de l'ordre et de la justice. Les Anglais ont été les sauveurs de l'Inde, les défenseurs des droits de l'humanité ; l'ère de sang a pris fin avec leur conquête. Si leur gouvernement n'a pas toujours été un modèle de perfection, il faut cependant convenir qu'il a été beaucoup plus doux, plus humain et plus juste qu'aucun de ceux sous lesquels les Hindous avaient vécu jusqu'alors. »

La Russie, qui rend ainsi hommage à notre conduite dans l'Inde, réclame la même approbation pour son influence bienfaisante dans ces steppes asiatiques que le christianisme commence déjà, grâce à elle, à délivrer du mahométisme le plus bigot, de l'intolérance la plus aveugle et de la dépravation la plus effrénée qui se soient jamais rencontrés chez aucune nation du monde.

CHAPITRE XII.

CONCLUSION.

J'ai essayé, dans les pages précédentes, de présenter un tableau exact de la situation actuelle de la Russie. Il faut maintenant me résumer et faire connaître mon impression générale. Tout en m'efforçant de montrer le beau côté des choses, je ne me suis par dissimulé qu'il y a un revers à la médaille.

A mes yeux, la Russie traverse aujourd'hui cette crise qui se rencontre toujours dans la vie d'une grande nation quand elle secoue son apathie et sa paresse pour entrer dans la voie du progrès, et quand la portion intelligente et honnête du pays est obligée d'entamer la lutte contre l'ignorance et l'étroitesse d'esprit du parti rétrograde.

Il y a des institutions dont le nom seul était un épouvantail pour toutes les classes, la police par exemple. Cette administration est maintenant peuplée de fonctionnaires qui se conduisent honorablement, et qui, sans déployer une activité remarquable, remplissent du moins leurs devoirs d'une façon convenable.

La presse n'est pas libre; mais elle l'est bien autant qu'en France sous Napoléon III ou même sous la république, et elle discute la politique du jour dans un esprit assez libéral.

On peut remarquer une grande amélioration dans le clergé : les prêtres sont plus considérés et on commence à rencontrer parmi eux des gens bien élevés.

Les jeunes nobles ne sont plus nourris dans l'idée qu'il est absolument nécessaire de « servir ». Il en résulte que beaucoup d'entre eux pensent à d'autre chose qu'à la gloire de l'aigle impériale et résident dans leurs domaines, qu'ils s'occupent eux-mêmes de faire valoir au lieu de les abandonner aux tendres soins de quelque canaille d'intendant russo-allemand. Les avantages qui résultent pour le peuple de la présence du seigneur sont incalculables.

Un mouvement en faveur de l'instruction a enfin pris naissance. Le peuple commence à comprendre qu'elle est aussi nécessaire à l'homme que le pain quotidien.

La Russie voit s'ouvrir devant elle un horizon si vaste, que personne ne peut prévoir ses destinées futures. Usera-t-elle de sa puissance pour le bien ou pour le mal? Cela dépendra de la sagesse de ceux qui la gouverneront. Avec la paix elle peut compter sur une grandeur qui n'a pas d'égale dans l'histoire; espérons que les générations futures reconnaîtront que cette grandeur a été un bonheur pour l'humanité.

La Russie doit beaucoup de reconnaissance à son souverain actuel, qui a fait tant de bien par lui-même et par les conseillers capables et honnêtes qu'il s'est choisis.

L'histoire dira la générosité d'Alexandre. Un jour à venir, quand ceux qui maintenant ne sont encore que des enfants verront dans les livres quel a été le bienfaiteur de leurs pères, le monde civilisé tout entier se joindra à eux pour affirmer la justice de la prière que trente millions de serfs affranchis offrent chaque jour à leur Créateur, en répétant :

« Dieu bénisse le tzar notre seigneur. »

FIN.

TABLE DES MATIÈRES.

FIN DE LA TABLE.

PARIS. — IMPRIMERIE DE E. MARTINET, RUE MIGNON, 2.

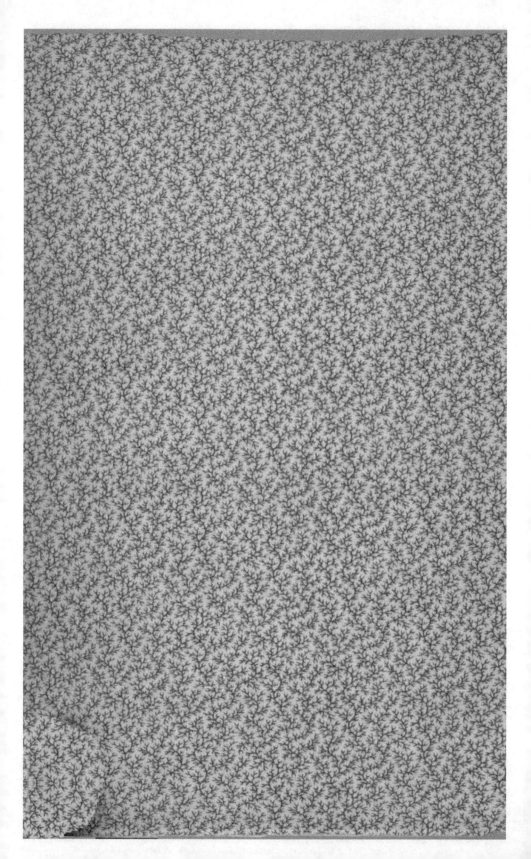

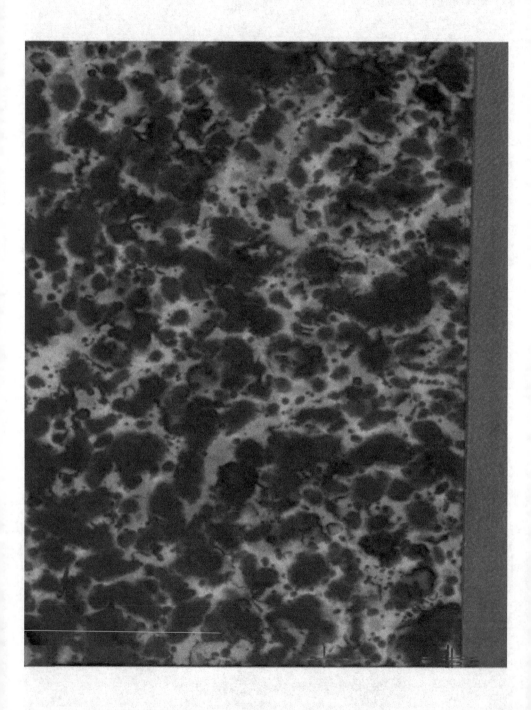

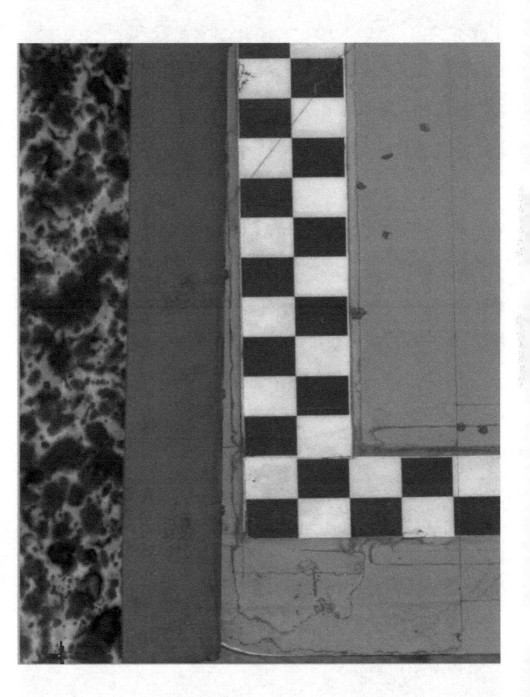

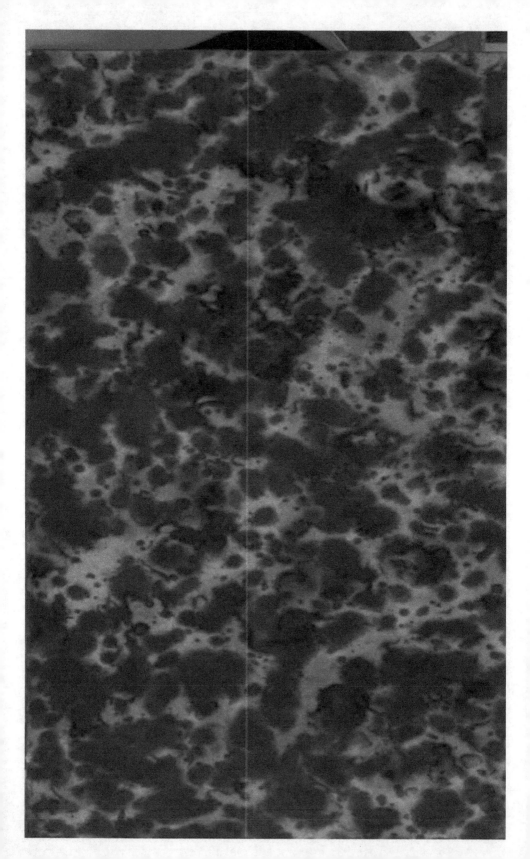

Check Out More Titles From HardPress Classics Series In this collection we are offering thousands of classic and hard to find books. This series spans a vast array of subjects – so you are bound to find something of interest to enjoy reading and learning about.

Subjects:
Architecture
Art
Biography & Autobiography
Body, Mind &Spirit
Children & Young Adult
Dramas
Education
Fiction
History
Language Arts & Disciplines
Law
Literary Collections
Music
Poetry
Psychology
Science
…and many more.

Visit us at www.hardpress.net

Im TheStory
personalised classic books

"Beautiful gift.. lovely finish. My Niece loves it, so precious!"

Helen R Brumfieldon

★★★★★

UNIQUE GIFT

FOR KIDS, PARTNERS AND FRIENDS

Timeless books such as:

Kids

Alice in Wonderland • The Jungle Book • The Wonderful Wizard of Oz
Peter and Wendy • Robin Hood • The Prince and The Pauper
The Railway Children • Treasure Island • A Christmas Carol

Adults

Romeo and Juliet • Dracula

 Highly Customisable

 Change Books Title

 Replace Characters Name with yours

 Upload Photo box inside page!

 Add Inscriptions

Visit
Im TheStory.com
and order yours today!

CPSIA information can be obtained
at www.ICGtesting.com
Printed in the USA
BVHW081821120819
555665BV00016B/1780/P

9 781318 663385